ANKE WOLF-GRAAF
FRAUENARBEIT

ANKE WOLF-GRAAF

DIE VERBORGENE GESCHICHTE DER
FRAUENARBEIT
EINE BILDCHRONIK

BELTZ VERLAG WEINHEIM UND BASEL 1983

Ich danke Michaela Huber für ihre freundschaftliche Zusammenarbeit und Rücksichtnahme bei diesem zeitweilig so schwierigen Buchprojekt. Besonders dankbar bin ich Hedwig Müller, die den Grundentwurf zu dem bildnerischen lay-out gemacht und viel Zeit geopfert hat, wenn ich mal nicht mehr weiter wußte.

CIP-Kurztitelaufnahme der Deutschen Bibliothek

Die verborgene Geschichte der Frauenarbeit :
e. Bildchronik / Anke Wolf-Graaf.
– Weinheim ; Basel : Beltz, 1983.
ISBN 3-407-85035-2

NE: Wolf-Graaf, Anke [Bearb.]; Frauenarbeit

Alle Rechte, insbesondere das Recht der Vervielfältigung und Verbreitung sowie der Übersetzung, vorbehalten. Kein Teil des Werkes darf in irgendeiner Form (durch Photokopie, Mikrofilm oder ein anderes Verfahren) ohne schriftliche Genehmigung des Verlages reproduziert oder unter Verwendung elektronischer Systeme verarbeitet, vervielfältigt oder verbreitet werden.
© 1983 Beltz Verlag Weinheim und Basel
Redaktion: Michaela Huber
Reproduktionen: Corinne Frottier
Umschlaggestaltung und Typographie: Klaus Linke
Gesamtherstellung: Beltz Offsetdruck, 6944 Hemsbach über Weinheim
Printed in Germany

ISBN 3-407-85035-2

INHALT

Einleitung		6
I	Frauenarbeit auf dem Land	15
II	Frauenarbeit im Verlagswesen, in den Bergwerken und den ersten Manufakturen	25
III	Frauenarbeit in den Städten	30
IV	Beginenkonvente als Lebens- und Arbeitsgemeinschaft alleinstehender Frauen	50
V	Von Lehrfrauen, Ärztinnen und anderen Frauen – und einer Päpstin	61
VI	Die Verdrängung der Frauen	72
VII	Von Minnehäusern, fahrenden Frauen und dem Verhältnis der Geschlechter	83
VIII	Von Hebammen und ihren Lehrtöchtern, Verhütung und Schwangerschaft	107
IX	«Und du wirst immer die erste Hexe sein...»	122
X	«Ob sie sich auch müde und zuletzt todt tragen...»	146
Anmerkungen		156
Literatur		158

EINLEITUNG

FRAUEN HABEN EINE GESCHICHTE

Diese scheinbar einfache Wahrheit ist in unserem Denken keine Selbstverständlichkeit. Denn wer von uns weiß schon etwas über das Leben und die Arbeit von Frauen in früheren Jahrhunderten – und woher auch? Unsere Schulbücher schweigen nach wie vor über dieses Thema, und Zeitungen, Rundfunk, Film und Fernsehen üben sich bislang in geradezu selbstkasteiender Enthaltsamkeit. Erst in jüngster Zeit zeichnen sich Veränderungen ab.

Vor allem Frauen aus der autonomen Frauenbewegung haben Mosaiksteine der Frauengeschichte ausgegraben und Verschüttetes aus Archiven an das Tageslicht geholt. Die Veröffentlichung dieser Ergebnisse hat weit über den Kreis der Frauenbewegung hinaus Interesse erregt. Dabei handelt es sich nicht in erster Line um ein akademisches Interesse. Für Frauen bedeutet das Kennenlernen der eigenen Geschichte ein Stück Selbstfindung, Selbst-Bewußtsein. Eine Geschichte zu haben, bedeutet mehr, als es auf den ersten Blick erscheinen mag. Der Blick zurück ist eine Möglichkeit zur kollektiven Bewußtseinsbildung. Deshalb ist eine «Spurensicherung», wie sie in diesem Buch vorgestellt wird, ein Teil der Suche nach den historischen Wegen, die Frauen gegangen sind. Vorrangig geht es dabei um die Arbeits- und Lebensformen von Frauen vom Mittelalter bis in die Neuzeit hinein. Mit dem Buch möchte ich anschaulich machen, daß Frauen eine Geschichte haben.

Vieles in diesem Buch mag im ersten Moment Verwirrung hervorrufen, da alte Anschauungen in Frage gestellt werden. Mir selbst ist es bei meinen ersten Streifzügen durch die Geschichte nicht anders ergangen.

Der Prozeß der Spurensicherung fing bei mir damit an, daß ich mich mit den schriftlichen Aussagen über die Arbeit und das Leben von Frauen vom Mittelalter bis zur Neuzeit beschäftigte. Je länger ich mich mit diesem Thema auseinandersetzte, desto mehr geriet mein zum Teil vages, aber auch festgefügtes Bild vom «finsteren» Mittelalter ins Wanken. Die Vorstellung von einer Zeit, in der Frauen nur die Sklavinnen ihrer Männer waren, in der sie ihre Lebenskräfte in einer Unzahl von Geburten verbrauchten und zu Millionen als Hexen verfolgt wurden, brach zusammen.

Statt dessen fand ich Frauen, die lange Zeit in der aufblühenden Stadtwirtschaft des Mittelalters in fast allen Zünften gearbeitet, selbständig Handel getrieben und auch im ländlichen Leben «ihre Frau» gestanden haben. Ich sah Frauen, die zwar wenige formale Rechte besessen haben, aber offensichtlich in der Lage gewesen sind, ihren Platz in der Männergesellschaft zu behaupten. Damit zerbrach in mir das romantisierte Bild der in einer Großfamilie friedvoll und arbeitsteilig nebeneinander lebenden Generationen.

Zunächst irritierend war auch der Befund, daß es damals viele Menschen gegeben hat, die zum «fahrenden Volk» zählten und tausende von klösterlichen und laienreligiösen Gemeinschaften von Frauen und Männern. Die Familie galt also offenbar noch nicht als das höchste Lebensideal.

Gleichzeitig darf frau/man sich keine Illusionen über das Leben der einfachen Frauen und Männer machen. Ihre Rechte waren insgesamt beschränkt, der Adel herrschte und führte ein genüßliches Leben auf Kosten der unteren Stände.

Der bäuerliche Stand besaß bis weit ins 18. Jahrhundert hinein keinen vollkommen freien Status. Mißernten, Hungersnöte und die Pest waren damals die schlimmsten Feinde der Menschen. Sie forderten ebenso wie die vielen Fehden, die die Herrschenden untereinander austrugen, im Verlauf der Jahrhunderte das Leben von Millionen. Ebensowenig darf übersehen werden, daß diese Zeit bereits eindeutig durch die männliche Vorherrschaft bestimmt war; die politische Macht lag in ihren Händen und die machtlosen Männer hatten immer noch die Frauen, die eine ganze oder eine halbe Stufe unter ihnen standen. Dennoch finden wir noch Reste von kulturellem Ansehen der Frauen, die aus älterer, matriarchaler Zeit stammen, also aus einer Zeit, in der das weibliche Prinzip dominierend war[1].

Die Vorstellung von der Frau als Lebensspenderin spiegelte sich in dem Glauben und der Verehrung weiblicher Göttinnen wider. Wie lange solche Glaubenselemente fortexistierten, läßt sich unter anderem an der Verbreitung solcher Bilder wie «Anrufung der Mutter Erde» (Nr. 1) bis weit ins Mittelalter hinein erkennen. Die Darstellung ist die Illustration zu einem 51 Zeilen langen Anrufungsgedicht, das mit «Heilige Göttin Erde, Hervorbringerin der natürlichen Dinge ...» beginnt. Das Bild enthält die klassische Dreiteilung in Wasser, Erde und Himmel. Neben dem männlichen Flußgott ist rechts im Bild zentraler Mittelpunkt die Göttin Erde mit dem Füllhorn und der Schlange, beides Symbole der magischen Fähigkeiten, «wunderbare» Fruchtbarkeit über die Erde kommen zu lassen. Der Mann links im Bild symbolisiert den «Anrufer». Wenn auch der Flußgott hier eine untergeordnete Stellung einnimmt (erkennbar am Größenunterschied), so haben wir es schon mit einer «gemischten» Göttinnen- bzw. Götterwelt zu tun. Das Fortleben solcher Bilder im Mittelalter mag verwundern, doch Glaubenstraditionen sind langlebig, vor allem, wenn sie mit dem alltäglichen Leben und den Erfahrungen der Menschen in engem Zusammenhang stehen. Die Göttinnen und Götter, die guten und bösen Kräfte bzw. Geister, mit der die Natur im früheren Denken ausgestattet war, die es durch Rituale und Beschwörungen positiv zu stimmen galt, waren konkreter, greifbarer, als das spätere christliche Bild des allmächtigen Gottes, der über allem stand und «von oben» die Geschicke der Menschen lenkte.

In diesem Unterschied mag unter anderem die Tatsache begründet sein, daß auch das germanische «Heidentum» erst in der Zeit von 800 bis 1000 als «besiegt» galt – offiziell. Im Volksglauben spielten die alten Strukturen noch einige Jahrhunderte länger eine entscheidende Rolle. Auch die bildlichen Darstellungen enthalten lange Zeit alte Symboliken, die später völlig anders interpretiert wurden. Nehmen wir die Frau auf Seite 10 (Nr. 2). Sie trägt einen Korb mit Spinat auf dem Kopf und hält in der linken Hand eine Spindel. Das scheint keinen Sinn zu ergeben, denn warum sollte die Frau beim Spinatpflücken ihre Spindel mit sich «herumschleppen»? Die Spindel ist hier nicht «Hausfrauensymbol», wie einige vielleicht denken mögen, sondern ihre tiefere Bedeutung stammt aus früherer Zeit. Die Spindel verweist auf den «Lebensfaden»; ihn «herzustellen», aber auch ihn «abzuschneiden», gehörte zu den magischen Fähigkeiten, zur Macht der Göttinnen. Geburt, Tod und Wiedergeburt galten als matriarchale Einheit. Für «Spindel» wird auch noch das Wort «Kunkel» benutzt, lange Zeit ebenso als Schimpfwort für eine alte Frau bekannt. Kunkel bedeutet aber im Wortursprung «Frauensippe»[2] und verweist ebenfalls auf matriarchale Epochen.

Das Fortleben solcher Symbole und Glaubenselemente verwunderte mich sehr. Ich hatte mir immer vorgestellt, daß die Kirche im Mittelalter bereits uneingeschränkte Herrscherin im Denken der Menschen war. Mein Bild dieser Zeit wurde besonders erschüttert, als ich erkennen mußte, daß die Zeit der grausamsten Verfolgungen von Frauen als Hexen nicht etwa in diese «finstere» Epoche fiel, sondern vielmehr den Anbruch des sogenannten «rationalen» Zeitalters begleitete, also in das Zeitalter des Humanismus, der Reformation und der Entwicklung der Naturwissenschaften fiel.

Je mehr ich mich von meiner festgefügten Vorstellungswelt löste und sich ein völliges Neuland für mich auftat, desto mehr gewann diese Zeit an Faszination. Auch die Beurteilung heutiger Verhältnisse veränderte sich zum Teil bei mir. So betrachte ich beispielsweise die Forderung: «Mehr Frauen in Männerberufe» mit neuen Augen. Die Tatsache, daß viele der heute als «Männerberufe» bezeichneten Tätigkeiten im Mittelalter ebenso von Frauen ausgeübt wurden, kann für mich nur zur Folge haben, daß es gilt, «alte» Rechte wieder einzufordern und nicht, den Zugang zu diesen Berufen zu *erbitten*. In einigen Tätigkeitsbereichen hat im Mittelalter sogar im Vergleich zu heute eine umgekehrte Situation geherrscht. Im Bereich der Frauenheilkunde zum Beispiel: Sie lag ausschließlich in den Händen von Frauen. Männern war es bei Todesstrafe verboten, in diesem medizinischen Bereich tätig zu werden. Heutzutage ist die Gynäkologie eine ausgesprochene Männerdomäne.

Nachdem ich mir zuerst ein neues Bild vom Mittelalter «erlesen» hatte, stellte sich mir immer häufiger die Frage, ob es denn keine Darstellungen gibt, die Arbeit und Leben der damaligen Frauen zeigen. Ich suchte nicht nach Porträts von einzelnen Berühmtheiten, denn die waren mir bekannt, sondern nach Bildern aus dem alltäglichen Leben.

Einiges Material war mir schon beim Lesen von Fachbüchern in die Hände gefallen. Und die Abbildungen im «Hexenkatalog»[3] waren ebenfalls sehr hilfreich. Überhaupt war das Gebiet «Hexen» das geringste Problem bei der Suche. Das größte Problem bildeten die «Beginen», eine laienreligiöse Frauenbewegung im Mittelalter. Beginen lebten in geistigen und wirtschaftlichen Gemeinschaften. Bis heute habe ich keine Abbildungen von ihnen aus dem Mittelalter gefunden. In Belgien fand ich zwar Porträts aus dem 18. und 19. Jahrhundert von einigen Leiterinnen dieser Gemeinschaften, doch daran lag mir nicht so viel. So werde ich in diesem Buch dieser wichtigen Frauengruppe zwar ein eigenes Kapitel widmen, mich aber mit Aufnahmen vom Beginenhof in Kortrijk (Belgien) und Ausschnitten aus Stadtkarten von Köln begnügen, auf die ich mit Punkten die Konvente, die es im Verlauf von vier Jahrhunderten gegeben hat, markiert habe. Wahrscheinlich sind durch die Verfolgung der Beginen und die Auflösung und Zerstörung ihrer Höfe (Konvente) viele Bilder und Dokumente verlorengegangen.

Zu den schwierigen Gebieten gehörte auch der Bereich «Frauen im Handwerk». Doch manchmal hatte ich Glück, daß mir in wirtschafts- oder kulturgeschichtlichen Abhandlungen zwei oder drei Abbildungen in die Hände fielen. Sie machten es mir möglich zu zeigen, daß nicht nur Zunfturkunden und ähnliche Quellen, sondern auch Bilder Zeugnis von Frauenarbeit in diesem Bereich ablegen. Ein Teil der Darstellungen machte mir aber auch klar, *wie* der Prozeß der «Unterschlagung» dieses Teils des mittelalterlichen Frauenlebens vonstatten gegangen ist. So finden sich oft Bildbeschriftungen, die Berufe als männlich bezeichnen, obwohl Frauen ebenfalls zu sehen sind. Andere Autoren deklarieren (in späterer Zeit) diese Frauen einfach als «mithelfende Familienangehörige». Besonders Holzschnitte ab dem 16. Jahrhundert bzw. Bücher, die ab diesem Zeitpunkt geschrieben und gedruckt worden sind (und der Buchdruck «blühte» zu diesem Zeitpunkt ja erst richtig auf), wimmeln von solchen Verfälschungen. Unter diesem Stichwort werde ich auch im Buch diese Frage behandeln und Gründe nennen, warum Frauenarbeit und damit der Anteil der Frauen an der Entwicklung der menschlichen Arbeit überhaupt über Jahrhunderte in Vergessenheit geraten ist. In Vergessenheit deshalb, weil im Denken der meisten Menschen der Beginn der Frauenerwerbsarbeit im Zusammenhang mit der Industrialisierung verankert ist.

Mehrere hundert Bücher habe ich in den letzten Jahren in der Hand gehabt und gesichtet. Manchmal fand ich in einem mehrbändigen Werk mit mehr als viertausend Seiten nur drei oder vier bemerkenswerte Bilder. An anderen Tagen hatte ich mehr Glück, vor allem, wenn es mir gelang, Bilder zu finden, die Frauen in Bereichen darstellen, die bislang unbekannt waren oder als Frauen-Arbeitsfelder bestritten wurden. So die «Bänkelsängerin» (S. 12, Nr. 4) aus den 17. Jahrhundert. Bislang ist immer behauptet worden, daß Frauen diese Kunst nicht ausgeübt haben bzw. sie ihnen verboten war.

Insgesamt fand ich viel mehr Bildmaterial als ich mir je hätte träumen lassen. Nur eines fand ich nicht, eine Sammlung dieser Bilder oder zumindest eine systematische Auswahl. Dieser Mangel brachte mich auf die Idee, selbst ein solches Buch zu machen. Es sollte in Bildern, Informationsteilen und Erzählungen einen lebendigen Einblick in den Arbeits- und Lebensalltag von Frauen geben. Eine Einschränkung auf bestimmte Jahrhunderte ergab sich sowohl aus dem vorhandenen Bildmaterial als auch aus den wesentlichen Merkmalen und Veränderungen des Frauenlebens. So wird die Zeit vom 13. bis zum 16. Jahrhundert die charakteristischen Elemente mittelalterlicher Frauenarbeit und die Strukturen des sozialen Lebens vermitteln. Der Zeitraum vom 16. bis zum 18. Jahrhundert wird wesentlich Auskunft über die einschneidenden wirtschaftlichen und sozialen Veränderungen im Frauenleben geben. Dabei geht es vor allem um die Verdrängung der Frauen aus qualifizierten Berufen und um den Verlust der Kontrolle über den eigenen Körper durch den Sieg der Ärzteschaft über die heilkundigen Frauen und Hebammen. Das Wissen über Verhütung und Abtreibung ging in dieser Zeit immer mehr verloren. Im kulturellen Ansehen der Frauen gab es einen einschneidenden Wandel im Zuge der großen Hexenverfolgungen.

Nicht nur die Bilder sollen Vergangenheit wieder lebendig werden lassen. Sondern auch die vier Erzählungen über den Alltag der Beginen, der Prostituierten, der Hebammen und über einen Hexenprozeß sollen diesem Zeitgeschehen Spannung und Farbe geben. Die vorhandene wissenschaftliche Literatur und die verschiedenen Quellen finden sich nach Themen geordnet im Anhang zu diesem Buch. Wen Fragen der Frauenarbeit (Erwerbs- und Haus-

1 Illustration zu dem Anrufungsgedicht: «pr(a)ecatio terrae», Anrufung der Mutter Erde. In der «Medicina Antiqua», Handschrift. Wahrscheinlich Mitte des 13. Jh. Sizilien

2 Illustration zum Stichwort «Spinat» aus dem «Tacuinum Sanitatis».
Handbuch der Gesundheit. Wiener Fassung. Ende des 14. Jh.

3 Frauen und Männer bei der Ernte. Allegorische Darstellung aus einer Handschrift des «Jungfernspiegels» des Konrad von Hirsau um 1200

4 «Bänkelsängerin auf dem Lande». J. C. Seekatz. 17. Jh.

arbeit) über den hier behandelten Zeitraum hinaus interessieren, der sei auf mein Buch «Frauenarbeit im Abseits»[4] verwiesen.

Die vorliegende Bildchronik ist für mich eine Erweiterung, Vertiefung meiner früheren Arbeit und zugleich eine ganz neue Ebene der wissenschaftlichen »Beweisführung». Die Vermittlungsform ist bewußt erzählerisch gewählt, um nicht nur ein Publikum zu erreichen, daß sich für wissenschaftliche Texte interessiert. Sie soll auch anderen interessierten Leserinnen und Lesern das Leben und die Arbeitsformen von Frauen im Mittelalter näherbringen. Geschichte lebendig und be-greifbar zu machen, vor allem für Frauen, das ist mein Anliegen. Sollte es mir gelingen, bei denjenigen, denen der Spaß an Geschichte in der Schule verdorben worden ist, ein neues Interesse dafür zu wecken, wie wichtig solches Wissen für uns heute ist, dann hätte sich für mich die «Wühlarbeit» der letzten Jahre gelohnt.

DAS MITTELALTER IM LICHTE DES «FORTSCHRITTS»

Wenn vom Mittelalter die Rede ist, geht es in der Regel um die Zeit von 800 bis 1500. Die wenigsten können sich etwas Konkretes zu dieser Zeit und ihren Menschen vorstellen. Nur unsere Alltagssprache verrät unsere Einschätzung: «Das ist ja wie im finsteren Mittelalter» ist bei uns ein gängiger Ausspruch, um besonders rückständige soziale Zustände oder Ansichten zu beschreiben. Interessanterweise tauchen diese und ähnliche Formulierungen gerade im Zusammenhang mit der sozialen und politischen Situation von Frauen auf. Wie berechtigt oder unberechtigt das ist, wird sich im Verlauf des Buches noch erweisen. Fest steht, daß wir geneigt sind, die Vergangenheit mit unseren heutigen Wertmaßstäben zu sehen und zu beurteilen.

Ein Blick in Geschichtsbücher zeigt, daß unser Jahrhundert die Wertplakette «fortschrittlich» für sich in Anspruch nimmt. Es besteht in der Regel kein Zweifel darüber, daß «unser Volk» sich vom «keulenschwingenden Neandertaler» über den auf dem «Bärenfell liegenden Germanen» hin zu «technisch versierten Experten» emanzipiert hat. Doch es gibt auch eine nicht mehr überhörbare Gruppe von Frauen und Männern, die nach dem Sinn und dem Preis unserer hochentwickelten «Zivilisation» fragt. Schlagworte wie «Umweltzerstörung», «Vernichtung der Erde» durch einen Atomkrieg oder «Sinnentleerung» des menschlichen Lebens durch die «Computerisierung» aller Bereiche werden immer häufiger gebraucht. Für mich ist die Tatsache unübersehbar, daß es auf ganz eigenartige Weise Berührungspunkte mit dem «finsteren» Mittelalter gibt.

Die Beschäftigung mit Astrologie, Naturheilkunde, Magie und Mystik hat in den letzten Jahren auffallend zugenommen. Nun mag frau/man dies als Rückfall in den sogenannten Aberglauben werten oder für den Rückzug in eine neue «Innerlichkeit» halten. Ich sehe in diesen Strömungen mehr den Versuch, an alte Strukturen anzuknüpfen, Wertvorstellungen früherer Gesellschaften und der in ihr lebenden Menschen zu überprüfen. Warum auch nicht?!

Der an technologischer Innovation orientierte «Wachstumsglaube» hat die Industrieländer in eine Krise ohne Ende gestürzt; Grenzen sind erreicht. Gleichzeitig verhungern jedes Jahr Millionen von Menschen in der Welt. Wo liegt da der Unterschied zu den durch Unwetter und Mißernten hervorgerufenen Hungersnöten im Mittelalter? Wenn es einen erwähnenswerten «Fortschritt» gibt, dann liegt er darin, daß die Ausbeutung der Länder der dritten Welt heute durch multinationale Konzerne der Industrieländer geschieht und diese Menschen «eigentlich» nicht mehr verhungern müßten.

Solche Tatsachen, ganz zu schweigen von den Dimensionen grausamer Menschenvernichtung von Auschwitz über die Hiroshima-Bombe bis hin zum Einsatz von Napalm in Vietnam (und den jetzt drohenden Einsatz der Atombombe bei uns), haben meiner Meinung nach ganz entschieden dazu beigetragen, daß eine «Neuorientierung» bei vielen Menschen stattfindet. Daß dabei ein Rückgriff auf Praktiken, wie z.B. alte Heilmethoden, die auch das Mittelalter noch kannte, stattfindet, empfinde ich als folgerichtig. Sich in Kulturen (wie ja auch alte indianische Lebensweisen, Heilmethoden und Denkformen wieder aufgegriffen werden) umzusehen, die noch nicht an den Werten und Praktiken einer industrialisierten Gesellschaft ausgerichtet waren, ist logisch, wenn sich diese eben als fatal für unsere heutige Situation erwiesen haben; jedenfalls in den Augen ihrer Kritikerinnen und Kritiker. Dabei werden gelegentlich neue Dogmen aufgestellt und es kommt vorschnell zu einer totalen Ablehnung aller Arbeits- und Lebensstrukturen von heute. Das kann aber kein Grund sein, solche neuen Strömungen einfach als «Quatsch» abzutun.

Teile der autonomen Frauenbewegung haben auf verschiedenste Weise solche neuen Wege beschritten. Dabei sind viele Frauen immer wieder auf das Mittelalter gestoßen. So hat die Ablehnung der «Pille» und der «Spirale» zur Suche nach natürlichen Verhütungsmitteln geführt. Einige wurden dabei in alten Kräuterrezepten wiedergefunden. (Selbst die Pharmaindustrie hat sich altes Wissen zu eigen gemacht. So wurde das «Mutterkorn» – ein giftiges pilzartiges Korn aus Ähren – im Mittelalter zur Abtreibung und als wehentreibendes Mittel benutzt. Heute verarbeiten die pharmazeutischen Firmen diese Substanz ebenfalls zu wehentreibenden Injektionsmitteln.)

Aber auch solche Frauen, die wissen wollten, wie Frauen in Gesellschaften gelebt haben, die weibliche Gottheiten anbeteten, in denen Frauen eine zentrale und hochgeachtete Stellung hatten, in denen «Leben geben» der höchste Wert war, konnten Spuren bis ins Mittelalter verfolgen. Als die Tatsache bekannt wurde, daß die Verfolgung von Frauen als Hexen unter anderem dazu diente, den Willen selbständiger und selbstbewußter Frauen zu brechen, hat das ebenfalls ein Interesse für das Mittelalter geweckt, wenn auch richtigerweise diese Ereignisse hauptsächlich in die *Neuzeit* gehören. So gibt es die verschiedensten Brennpunkte, durch die das Mittelalter in das Blickfeld gerückt ist. Inwieweit uns das Mittelalter positive Anhaltspunkte für eine neue Frauenidentität geben kann, muß jede für sich selbst überprüfen. Ich möchte mit diesem Buch einige objektive Anhaltspunkte und Informationen geben, die das Bild des Frauenlebens im Mittelalter (und auch in der Zeit danach) wieder in das «richtige» Licht rücken (wenn es so etwas überhaupt gibt); nicht in das rechte oder linke. Klar ist nur, daß das Etikett «finster» im Gegensatz zu «fortschrittlich» undifferenziert und nicht haltbar zur Umschreibung des mittelalterlichen (Frauen-)Lebens ist.

I

FRAUENARBEIT AUF DEM LAND

Die meisten Menschen leben im Mittelalter und auch noch lange Zeit danach auf dem Land. In den einzelnen Jahrhunderten gibt es eine so bunte Palette von Herrschafts- und Wirtschaftsformen, daß es mir im Rahmen dieses Buches nicht möglich ist, auf alle diese Verschiedenheiten im einzelnen einzugehen. Außerdem ist auch die wissenschaftliche Literatur über diese Zeit so widersprüchlich, daß ich die Leserin und den Leser mit diesem «Gelehrtenstreit» nicht belasten möchte. Ich begnüge mich mit einer Grobskizze, die den Rahmen sichtbar macht, in den die Arbeit und das Leben von Frauen eingebettet sind.

Das Mittelalter gehört zum Zeitalter des Feudalismus. Die Sozialstruktur ist festgefügt und kennt nur ein einfaches Oben und Unten. An der Spitze steht der Landesherr oder König (Frauen finden sich selten), dann kommen die Feudalherren, zu denen der Adel und die Kirche gehören. In den meist vom König an die Feudalherren vergebenen Lehensgebieten leben Bäuerinnen, Bauern, Mägde und Knechte in unterschiedlichen Abhängigkeitsgraden. Es gibt Unfreie, Halbfreie oder auch Vollfreie. Je nach Status haben diese Frauen und Männer ihrem Feudalherrn unterschiedlich hohe Abgaben oder Arbeitsleistungen zu erbringen. Auf der untersten Stufe stehen die Gesindekräfte auf dem Fronhof. Erst im Verlauf des Mittelalters gewinnen sie mehr persönliche Rechte. Im 16. Jahrhundert kommt es aber zu einer sogenannten zweiten Phase der Leibeigenschaft, in der allgemein die Rechte der bäuerlichen Bevölkerung wieder geschmälert werden.

Im frühen Mittelalter ist die Zahl der freien Bäuerinnen und Bauern noch recht groß. Es wird angenommen, daß sie sich aus Angst vor Verlust von Leben und Besitz durch umherziehende «Banden» nach und nach «freiwillig» unter den Schutz der Feudalherren stellten. Dabei ist sicherlich seitens der Feudalherren kräftig «nachgeholfen» worden, um auch diesen Teil der Bevölkerung unter die Abgabepflicht zu bringen. Dieser «Schutz» läßt sich eigentlich nur für die nahe am Fronhof gelegenen Dörfer und Gehöfte vorstellen. Die weiter entfernt liegenden Bauernhöfe dürften von der «schützenden» Hand ihres Herrn weniger gespürt haben als von der «nehmenden». Im Verlauf der Zeit geraten immer mehr der freien Bäuerinnen und Bauern in große Abhängigkeit, denn die Abgaben werden immer höher. Kann eine Familie ihren Verpflichtungen nicht mehr nachkommen, verliert sie ihr Land an den Feudalherrn und erhält es nur zur Nutzung zurück. Gleichzeitig müssen Abgaben geleistet und Arbeiten auf dem Land oder Hof des Feudalherrn verrichtet werden.

Die Rechtsprechung und Ausübung der Polizeigewalt – wie wir heute sagen würden – liegt ebenfalls in der Hand des Feudalherrn. Je weiter allerdings die einzelnen Höfe vom Sitz ihres Herrn entfernt liegen, desto weniger stark ist diese Kontrolle, wenn auch Vögte und andere Hilfsschergen sich bemühen, diesem «Mißstand» abzuhelfen.

Bis zum 12. Jahrhundert wird das Feudalsystem vom Villikationswesen bestimmt: Im Mittelpunkt steht der herrschaftliche Fronhof mit eigenen Wirtschaftsflächen. Das freie und unfreie Gesinde wohnt mit auf dem Hof oder in den umliegenden Hütten und Dörfern.

Auf den Höfen gibt es in einem Extrahaus untergebrachte Produktionsstätten, «Genetien» genannt, in denen oft mehr als 20 Frauen arbeiten. Sie verarbeiten Flachs zu Leinentüchern, spinnen, weben, färben Wolle und stellen kostbare Gewänder oder Stickereien her. Die Leiterinnen oder Meisterinnen dieser Genetien steigen, wie auch andere Frauen in leitenden Funktionen, später in den ritterbürgerlichen Stand auf.

Die Frauen, die auf dem Hof leben und wohnen, erhalten Kleidung und Verpflegung, relativ früh werden auch jährlich kleinere Geldbeträge ausgezahlt. Die meisten Frauen sind unverheiratet. Heute sucht man die Erklärung hierfür meistens darin, daß der Fronherr, von dessen Zustimmung eine solche Ehe abgehangen hat, diese verweigert haben könnte. Die Motive werden in der Angst vor Verlust einer Arbeitskraft bei Weggang einer Magd oder eines Knechts vom Hof gesucht oder in der Befürchtung des Feudalherrn, durch allzu reichlichen «Kindersegen» zusätzliche Mäuler stopfen zu müssen, ohne eine Arbeitsleistung dafür zu erhalten. Ich meine aber, daß sich genauso gut behaupten läßt: Der Grund für die vielen Unverheirateten liegt darin, daß viele Frauen (und Männer) keinen Wert auf eine Ehe legten und ihre Sexualität auch «so» auslebten.

Die Mehrheit des weiblichen Gesindes arbeitet als einfache Mägde. Sie müssen Wasser tragen, waschen, putzen, Betten und Öfen richten und Hilfstätigkeiten in der Küche ausführen. Während wir im frühen Mittelalter kaum Frauen als Köchinnen finden, dringen im Spätmittelalter mehr Frauen in diese Männerdomäne ein. In der Landwirtschaft sind die Mägde in fast allen Bereichen tätig. Sie pflügen, säen, schneiden Korn, bringen die Heuernte mit ein. Erst in späterer Zeit wird Pflügen und Säen mehrheitlich von den Männern verrichtet, was nicht heißt, daß Frauen diese Arbeiten gar nicht mehr machen. Auch das Kornschneiden scheint nach der Einführung der Sense anstelle der Handsichel häufiger von Männern gemacht worden zu sein.

Melken, Buttern und Käse machen, Schafe, Kühe und Schweine hüten gehören zu den Aufgaben der Mägde.

Zu den gehobenen Positionen gehört die Arbeit als Verwalterin der Schatzkammer. Die «Schaffnerin», auch «Meiersche» genannt, kann in der Rangfolge der Hofämter durchaus mit dem «Hofmeister» verglichen werden. Es gibt auch die Mundschenkerin, die Kammerfrau und Gesellschafterin. Im landwirtschaftlichen Bereich gehören Frauen zu den Aufsichtspersonen über die Stallmägde. Als «Viehmutter» oder «Käsemutter» obliegt ihnen die Verantwortung für die Tiere und die Herstellung von Butter und Käse.

Am Ende des 12. Jahrhunderts geht diese Art der Bewirtschaftung der Fronhöfe immer weiter zurück. Der Fernhandel und die Stadtwirtschaft erfahren einen Aufschwung und werden ausgeweitet. Der Adel ist nun vor allem an Geldleistungen der abhängigen Bauern interessiert. Arbeitsdienste treten in den Hintergrund, nur Produkte zur Versorgung der Feudalherren und ihrer Gefolgschaft sind neben dem Geld von Interesse. Viele Güter, vor allem Luxusgegenstände, werden gekauft, nicht mehr direkt am Hofe angefertigt. Im Zusammenhang mit dieser Entwicklung geht auch der Anteil des Gesindes im handwerklich-gewerblichen und landwirtschaftlichen Bereich zurück. Viele Frauen ziehen in die Städte. Ein Teil von ihnen setzt seine Kenntnisse als Handwerkerinnen ein.

Schade ist, daß es zwar reichlich schriftliche Aussagen über die Arbeit der Frauen auf den Fronhöfen gibt, daß ich aber keine Bilder gefunden habe, die diesen Teil weiblicher Lebens- und Arbeitszusammenhänge hätten «augenscheinlich» machen können.

Was war aber nun mit den anderen Frauen, die in Dörfern bzw. auf eigenen Höfen lebten? Die Arbeit von Frauen als Müllerinnen oder in einem der dörflichen Handwerke kann ich nicht beschreiben, da ich darüber kein Material habe. Es ist aber davon auszugehen, daß Frauen, auch unverheiratete, damals schon in diesen Berufen vertreten waren. Denn ein Teil der städtischen Handwerkerinnen, wie es sie nachweislich ab dem 12./13. Jahrhundert gegeben hat, können ebenso wie die Männer sehr wohl aus dem dörflichen Bereich gekommen sein. Die Müllerin (nicht Müllersfrau) ist aus Liedern, Erzählungen und aus Unterlagen späterer Hexenprozesse bekannt. Somit ist ihre Existenz zumindest unbestritten.

Ein klareres Bild läßt sich von den Frauen auf den bäuerlichen Höfen zeichnen. Zunächst gehört aber dazu, von einigen festen Vorstellungen über die bäuerlichen Familien- und Hofgemeinschaften Abschied zu nehmen. Für die mittelalterlichen Menschen wird die mehrere Generationen umfassende Großfamilie, einschließlich des Gesindes, als typische Lebens- und Arbeitsform angenommen. Doch allein schon die Tatsache, daß Abertausende von Frauen und Männern in religiösen, gleichgeschlechtlichen Gemeinschaften leben, spricht gegen diese Annahme. Dazu kommt das Problem der Größe der Landstücke. Die meisten Familien besitzen in dieser Zeit so wenig zu bebauendes Land, daß angenommen wird, es können nicht mehr als durchschnittlich fünf Personen davon leben, zumal die Abgaben an den Feudalherrn immer noch einberechnet werden müssen. Den Hof weiterführen kann meist nur eines der Kinder (mit Familie), die anderen müssen ihr Auskommen anderswo suchen.

5 «Frauen beim Flachshechseln». Chodowiecki. 18. Jh.

6 «Die Spinnstube». B. Beham 1524

7 Zwei Bäuerinnen, die melken und Butter machen.
(Kalenderbild für den Monat April.)
H. S. Beham. Erste Hälfte des 16. Jh.

8 Wäscherinnen. Holzschnitt von H. Furtenbach in Geiler von Kaisersberg:
Sünden des Mundes. 1518

9 Ein Bauernpaar schert Schafe. (Kalenderbild für den Monat Juni.)
H. S. Beham. Erste Hälfte des 16. Jh.

10 Frau und Mann bei Arbeiten im Haus. Aus dem Straßburger «Vergil». 1502

11 Frauen und Männer bei der Erntearbeit. «August» aus den zwölf Monaten von M. Kager. Gestochen von L. Kilian. 1617

12 Weinernte. Aus einer Blattfolge über ländliche Beschäftigungen in den vier Jahreszeiten. L. Bassan (Da Ponte). 17. Jh.

13 Imkerinnen u. Imker. Blatt aus der Folge der Gewerbe von H. Bol. 16. Jh.
14 Frauen und Männer beim Fischfang. Illustration aus J. Amman: «Jagdbuch». 1582

So bleibt nicht viel von der Vorstellung mehrerer Generationen unter einem Dach übrig. Allein die durchschnittliche Lebenserwartung von ungefähr 35 Jahren führt dazu, daß in vielen Fällen Großeltern und Enkelkinder wenig Chancen hatten, sich kennenzulernen.

Was aber ist nun mit der hohen Geburten- bzw. Kinderzahl, da Verhütung und Abtreibung ja damals unbekannt sind und somit nicht praktiziert werden? Diese weit verbreitete Vorstellung ist falsch. Verhütungs- und Abtreibungsmittel sind zu dieser Zeit bekannt und werden angewandt. Allerdings ist durch Pest und Hungersnöte die Sterblichkeitsrate bei Kleinstkindern aufgrund ihrer geringeren Widerstandskräfte höher als bei Erwachsenen.

Wer sich die Bilder in diesem Buch genau ansieht, dem wird auffallen, wie selten und wie wenige Kinder mit abgebildet sind. Und die hier vorgestellten Bilder sind repräsentativ für die vielen anderen Darstellungen, die ich gesehen habe. Erst im 16. und 17. Jahrhundert ändert sich dieses Bild – in dem Zeitraum, in der die Zahl der Geburten stark ansteigt.

Zur Großfamilie wird auch das auf dem Bauernhof arbeitende Gesinde gezählt. Mägde und Knechte können sich aber nur die kleine Schicht der reicheren Bäuerinnen und Bauern leisten. So ist insgesamt davon auszugehen, daß es zwar die großfamiliäre Produktionsgemeinschaft im Mittelalter gibt, aber nur für eine kleine, wohlhabende Schicht und nicht für die Mehrzahl der bäuerlichen Familien.

Sich den Alltag auf einem normalen kleinen Hof vorzustellen, ist für uns nicht leicht. Die heute als typische Hausfrauenarbeiten geltenden Tätigkeiten wie Essenszubereitung, Einkaufen, Putzen und Waschen gibt es nicht, oder sie spielen eine untergeordnete Rolle. Das fängt damit an, daß die Menschen sich damals überwiegend von Kaltspeisen aus verschiedenen Getreidearten ernähren, dazu ißt man ein wenig Gemüse, Fleisch gibt es nur selten. Die Böden, meist aus gestampfter Erde oder Lehm, später dann auch aus Holz, werden gefegt. Wäschewaschen ist zwar eine aufwendige Arbeit, doch hat sie nicht den Umfang wie heute. Die meisten Menschen besitzen nur wenige Kleidungsstücke, entsprechend selten kann frau/man sie wechseln, mit der Bettwäsche sieht es nicht anders aus. So sind diese Tätigkeiten im Mittelalter von anderer Bedeutung als heute. Allerdings sind sie auch damals schon Frauenarbeiten gewesen. Dennoch können wir nicht von einer geschlechtsspezifischen Arbeitsteilung in unserem heutigen Sinne sprechen, wo der innerhäusliche Bereich als weiblich und der außerhäusliche als männlich angesehen wird. Die Vorratswirtschaft etwa, in den armen Familien allerdings begrenzt, wird von Frauen und Männern teilweise gemeinsam betrieben. Bestimmte Vorarbeiten fallen in das Aufgabengebiet des Mannes, wie zum Beispiel das Einstampfen des geschnittenen Kohls in Fässer. Das Einlegen selbst, beim Kohl möglicherweise milch- oder essigsauer, übernimmt die Frau. Ähnlich arbeitsteilig geht das Brotbacken vor sich (S. 19, Nr. 10). Auf dem Bild zerstampft der Mann die Körner im Mörser, die Frau schiebt das Brot in den Ofen. Das Zerstampfen oder Mahlen von Korn (mit Handmühlsteinen) ist umgekehrt aber keine ausschließliche Männerarbeit. Denn auf den Fronhöfen verrichten auch Mägde diese Arbeiten.

Zu den gemeinsamen Tätigkeiten von Frauen und Männern gehört die Schafschur (S. 19, Nr. 9). Die Verarbeitung von Flachs und Wolle (S. 17, Nr. 5, 6) hingegen ist Frauensache; ebenso Melken, Butter- und Käseherstellen oder das Wäschewaschen (S. 18, Nr. 7, 8). Wäschewaschen entwickelt sich im dörflichen und städtischen Bereich recht früh zu einem Beruf oder einer Nebenarbeit, die gegen Geld oder Naturalien für andere geleistet wird. Säen, Kornschneiden und Garbenbinden gehören zu den gemeinsamen Arbeiten von Frauen und Männern. Die allegorische Abbildung aus dem «Jungfernspiegel» (S. 11, Nr. 3) verweist darauf, auch wenn es sich in diesem Fall um eine sinnbildliche Darstellung handelt. Gemeinsame Erntearbeiten in allen Bereichen, so beispielsweise bei der Weinlese, sind selbstverständlich (S. 20, Nr. 11, 12). Zu den spezialisierteren Tätigkeits- und Berufsbereichen zählt das Fischen und die Imkerei; auch hier verrichten Frauen und Männer gemeinsam die Arbeit (S. 21, Nr. 13, 14).

Frondienste für den Feudalherrn zu leisten, ist für beide Geschlechter gleichermaßen Pflicht. Auf den Feldern leisten Frauen *und* Männer ihre Arbeitspflicht ab. Back- und Braudienste hingegen sind Frauensache, gleichgültig, ob die Arbeit auf dem Fronhof gemacht werden muß oder fertige Produkte abzuliefern sind.

Es wird angenommen, daß Bierbrauen überhaupt bis weit ins Mittelalter hinein eine ausschließlich von Frauen ausgeübte Tätigkeit ist. Über den Hintergrund lassen sich bislang nur einige Vermutungen anstellen.

Backen und das Herstellen alkoholischer Getränke setzen die Kenntnis von Gärprozessen zur Verwandlung bestimmter Grundsubstanzen voraus. Das Brotbacken und der Backofen haben noch in mittelalterlichen Märchen symbolische Bedeutung. Heide Göttner-Abendroth hat in dem Buch «Die Göttin und ihr Heros» sehr schön das Märchen «Frau Holle» auf seine ursprüngliche Bedeutung hin analysiert. Das sich scheinbar von selbst vermehrende Brot im Ofen steht für Fülle, Fruchtbarkeit und für Goldmarie, gleichzeitig symbolisch für das Erlernen der Kunst des Ackerbaus, dessen Entwicklung historisch den Frauen zugeschrieben wird. «Frau Holle», die das Gute, das Fruchtbare und Mütterliche vertritt, ist die alte germanische Göttin der Unterwelt, auch «Hel» oder «Hella» genannt. Mag sein, daß in den alten germanischen Glaubensstrukturen der tiefere Grund dafür liegt, warum Backen solange «Frauenarbeit» war.

Das Bierbrauen könnte sich ebenfalls aus alter Tradition herleiten. So ist die Göttin «Freyja» die Besitzerin des magischen Kessels mit dem inspirierenden Getränk «Met» und steht deshalb für Magie, Orakel und Zauberei. Met ist ein Honigwein, der durch Sieden von Wasser und Honig und durch Vergären des Saftes mit Hefe gebraut wird. Möglicherweise sind die Kenntnisse lange «Frauenwissen» geblieben, aus denen sich auch die Erfahrungen für die Verarbeitung von Gerste und Hopfen zu Bier ergeben haben. Die Verknüpfung mit alten magischen Fähigkeiten, die in früherer Zeit Frauen zugesprochen wurden, kann erklären, wieso Bierbrauen lange Zeit als «Frauenbereich» gegolten hat.

Aber nicht nur Back- und Brauarbeiten gehören zu den geschlechtsspezifischen Aufgaben der Frauen. Auch die Versorgung des Viehs, Butter- und Käseerzeugung wird den abhängigen Bäuerinnen als Frondienst abverlangt.

Nach der Auflösung der auf Selbstversorgung ausgerichteten Villikationshöfe müssen die Bäuerinnen und Bauern immer häufiger fertige Produkte abliefern. Dazu gehören auch Tuche, deren Herstellung traditionell in den Händen der Frauen liegt. Diese Arbeit gewinnt für die Familien an existentieller Bedeutung, als die Feudalherren dazu übergehen, Geldabgaben zu fordern. Geld gewinnt im Verlauf des 12. Jahrhunderts im Zusammenhang mit der Entwicklung des Warenverkehrs und dem Aufblühen der Städte an Bedeutung. Es sind vor allem die Bäuerinnen, die mit dem Verkauf von Eiern, Käse und selbstverfertigten Tuchwaren das nötige Geld herbeischaffen. Das Bild «Die Spinnstube» (S. 17, Nr. 6) zeigt, daß die Frauen, die im Dorf oder in Dorfnähe wohnen, diese Arbeiten gemeinsam verrichten. Die Spinnstube ist gleichzeitig der Platz, an dem Frauen Informationen austauschen. Das «lokkere Treiben», das der Maler auf dem Bild in den Vordergrund stellt, verzerrt die eigentliche Bedeutung der Spinnstuben. Es ist als Mahn- und Spottbild auf die «Sittenlosigkeit» des einfachen Volkes gedacht. Allerdings stammt es nicht aus der Zeit, über die ich hier berichte, sondern erst aus dem 16. Jahrhundert, als die Kritik am sogenannten Sittenverfall immer lauter wurde.

Doch zurück zu den Geldforderungen der Feudalherren. Je stärker die Forderungen an Bäuerinnen und Bauern zunehmen und je unerfüllbarer sie werden, desto mehr Frauen und Männer verlassen ihr Land. Diejenigen, die im unmittelbaren Abhängigkeitsverhältnis stehen, fliehen. Einige versuchen ihr Glück in den Städten, andere schließen sich dem fahrenden Volk an. Mißernten, Hungersnöte und vor allem die Pest führen im 14. Jahrhundert dazu, daß auch auf dem Land die Bevölkerung stark vermindert wird. Nunmehr müssen die Feudalherren (fast) froh sein, wenn sie Menschen zur Bearbeitung des Landes und damit zur Leistung von Abgaben finden. Die Folge ist, daß sich die Abhängigkeitsverhältnisse der bäuerlichen Bevölkerung verbessern.

15 Frauen beim Sortieren der Seidenraupenkokons.
Aus Harper's New Monthly Magazine. 1896

II

FRAUENARBEIT IM VERLAGSWESEN, IN DEN BERGWERKEN UND DEN ERSTEN MANUFAKTURBETRIEBEN

Das Verlagswesen hat nichts mit Büchern oder Verlagen im heutigen Sinne zu tun. Es handelt sich vielmehr um eine bestimmte Produktionsform, die oftmals auch Heimindustrie genannt wird. Das Verlagssystem auf dem Land entwickelt sich in Deutschland ab dem 14. und 15. Jahrhundert. In den Städten kommt es erst am Ende des 15. und zu Beginn des 16. Jahrhunderts zu einer Herausbildung dieser Arbeitsform. Die schwere Wirtschaftskrise dieser Zeit bringt eine extreme Verschlechterung der Situation der Gesellinnen und Gesellen mit sich, viele kleine Meister(innen)-Betriebe sind nicht mehr konkurrenzfähig.

Sie werden daher Zuarbeitsbetriebe für andere, reichere Handwerksstätten. Die Gesellinnen und Gesellen stellen Teilprodukte oder fertige Ware in ihren eigenen Wohnräumen her, sie erhalten die Rohstoffe und einen Stückpreis für die abgelieferten Waren. Zuerst ist es zwar den Zunftmeisterinnen und -meistern offiziell verboten, sich auf diese Weise Vorteile gegenüber anderen Betrieben zu verschaffen (Billigproduktion) und ärmere Zunftgenossinnen und -genossen in ihre Abhängigkeit zu bringen. Doch diese Praktiken greifen im 16. Jahrhundert immer weiter um sich. Auf dem Land ist es das wachsende Elend, durch die immer größeren Geldforderungen der Feudalherren verursacht, das schon im 14. Jahrhundert das Verlagswesen aufblühen läßt. Die Wolle und Tuche, die die Bäuerinnen bislang herstellten und verkauften, reichen nicht mehr aus, um die Abgaben zu bezahlen.

In früherer Zeit hatten die Frauen jemanden aus ihrer Mitte (Frau oder Mann) gewählt, um die Waren auf den weit entfernt liegenden Märkten zu verkaufen und gleichzeitig bestimmte Rohstoffe einzukaufen, die nicht selbst hergestellt werden konnten, aber für die Verarbeitung gebraucht wurden. Auf diese Weise blieben den Bäuerinnen die zeitraubenden und aufwendigen Reisen erspart. Mit der zunehmenden Armut auf dem Land treten immer öfter Händler aus der Stadt auf, die das Geld bzw. die Rohstoffe selber «vorschießen» und die fertigen Waren an Ort und Stelle zu niedrigen Preisen (versteht sich) aufkaufen. Der Beruf des sogenannten «Verlegers» entsteht. Frauen finden sich selten darin und wenn, dann meist nur im städtischen Verlagswesen. Dort werden die billig auf dem Land eingekauften Waren zu höheren Preisen auf den städtischen Märkten und im Fernhandel wieder verkauft. Auf diese Weise geraten die städtischen Handwerkerinnen und Handwerker unter Konkurrenzdruck, da die Händler auf ihre Waren nicht mehr angewiesen sind und die Preise drücken können. Besonders die Zünfte versuchen sich gegen diese Konkurrenz zu wehren, und es kommt immer wieder zu Verboten, diese Waren in die Stadt einzuführen. Doch auf die Dauer tragen die Händler, die sich meist durch ihren Reichtum auch politischen Einfluß verschaffen können, den Sieg davon.

Die Frauen auf dem Land, einst eigenständige Produzentinnen und Verkäuferinnen, geraten immer stärker in die Abhängigkeit des Verlegers. Er stellt jetzt die Rohstoffe zur Verfügung und sichert sich dadurch das Recht auf den Ankauf der fertigen Waren. Er diktiert nun die Zeitdauer der Produktion, die Art der Verarbeitung und vor allem den Preis. Die Bäuerinnen sind gezwungen, die Bedingungen anzunehmen. Sie müssen das Geld für die Pachtzinsen und die Abgaben zusammenbringen. Immer mehr von ihnen arbeiten im 15. Jahrhundert durchschnittlich acht Monate im Jahr für den Verleger. Aus der einstigen Zusatzarbeit zur Landwirtschaft wird eine Hauptarbeit der Frauen. Auf ihrem Rücken und durch ihre Ausbeutung wird das Verlagswesen, die Heimindustrie, entwickelt, die in späteren Jahrhunderten zur Arbeitsweise und Einkommensquelle ganzer Familien werden wird: Mütter, Väter und Kinder schuften dann gemeinsam für einen Hungerlohn. Das Bild auf Seite 27 (Nr. 20)

16 Klauben der Erze, überwiegend von Frauen ausgeübt. Holzschnitt aus G. Agricoa «De re metallica». 1556

17 Papierherstellung im Manufakturbetrieb. Frauen bei der Auslese von Rohmaterial. J. D. Schleunen. 1766

18 Frauen beim Sortieren im Silberbergwerk. Holzschnitt aus S. Münster: «Kosmographie». 1550

19 Im Vordergrund Frau in einer Salzsiederei. Holzschnitt aus G. Agricola: Vom Bergwerk. Deutsche Fassung von 1557

20 Spinnerinnen und Verleger. A. N. F. Lay. 1856

zeigt, wie im 19. Jahrhundert aus der «Spinnstube», als ländlicher Treffpunkt der Frauen zur gemeinsamen Arbeit und Unterhaltung, eine «Ausbeutungsstube» geworden ist. Die Abbildung trägt auch den ironischen Untertitel «Spinnerinnen vor ihrem ‹Wohltäter›, dem Aufkäufer oder Verleger».

Sehr früh sind Frauen auch im Bergbau zu finden. Der Bergbau ist lange Zeit in einer Art genossenschaftlichem Besitz. Als «Gewerke» werden die Teilhaber am Bergbau bezeichnet. Zuerst ist die eigene Mitarbeit Voraussetzung für den Besitz an Kuxen (Anteilen). Verschiedene Bilder (S. 26, Nr. 16; S. 27, Nr. 18; S. 78, Nr. 84) zeigen Frauen beim Klauben, Waschen und Sortieren verschiedener Erze. Da ich keine gegenteiligen Informationen habe, gehe ich davon aus, daß auch Frauen «Gewerkinnen» sein konnten. Die Gewinnung der Metalle erlangt im Verlauf des Mittelalters immer mehr an Bedeutung. Es werden Schmuck, kostbares Tafelgeschirr, verschiedene Gegenstände für Kirchen und Arbeitsinstrumente aus verschiedenen Metallen hergestellt. Daneben ist es vor allem der Bedarf der Heere nach Rüstungsgütern, der die Nachfrage und damit die Produktion stark ansteigen läßt. Kostspielige Investitionen für Wasserabfuhr aus den Stollen, Ventilationen und ähnliches werden nötig. Die «Gewerkschaften», so nennen sich die Zusammenschlüsse der Gewerken und Gewerkinnen, haben dazu nicht genügend Geld. Städtische Händler strecken das Geld vor und verlangen dafür Anteile an den Kuxen. Ihr Besitzanteil steigt Ende des 15. Jahrhunderts immer mehr, bis die Frauen und Männer nur noch Lohnarbeiter(innen) sind.

Die Ausbeutung der Frauen durch neue Produktionsweisen, neue Besitz- und Abhängigkeitsverhältnisse, gilt also nicht nur für das Verlagswesen, das seinen Anfang und Schwerpunkt im Textilbereich, also einem traditionellen Frauensektor, hat. Auch im Bergbau sind die Frauen als Arbeiterinnen in den großen Umwälzungsprozessen eingespannt. Der dritte Bereich, der hier nur kurz angesprochen werden soll, sind die Manufakturbetriebe. Auch diese Betriebe entstehen zuerst im Frauenarbeitsbereich, nämlich in der Textilproduktion. Die Frauen arbeiten nicht mehr allein in ihrer Behausung mit ihren Arbeitsmitteln (z.B. Spinnrad, Webrahmen) oder gemeinsam in den ehemaligen dörflichen Spinnstuben für den Verleger. Der Unternehmer stellt die Arbeitsinstrumente und Rohstoffe, und die Frauen arbeiten gegen (Hunger-)Lohn.

Nach dem Dreißigjährigen Krieg (1618–1648) hat sich in Deutschland die Bevölkerung fast um die Hälfte verringert. Trotz der Ermordung von Millionen von Frauen als Hexen ist der Anteil der weiblichen Bevölkerung noch höher als der der Männer (was fast immer so war in der Geschichte). Armut und Elend sind unvorstellbar groß, die Zahl der umherziehenden Menschen unübersehbar. Der Staat versucht mit verschiedenen Überlegungen und Konzepten eine Ankurbelung der völlig brachliegenden Wirtschaft in allen Bereichen.

Unter anderem werden Armenhäuser in Arbeitshäuser umgewandelt, die nun die ersten Manufakturbetriebe bilden. Zwangsmaßnahmen zur Arbeitsverpflichtung aller Umherziehenden werden ergriffen; dazu gehören vor allem Frauen und Kinder. Die Entwicklung neuer, großer Arbeitsinstrumente und die immer stärkere Aufteilung der einzelnen Arbeitsgänge fördert die Arbeitshetze und Ausbeutungsmöglichkeiten. Zu den «Neuerungen» gehört beispielsweise die Herstellung von Papier in Großanlagen (S. 26, Nr. 17) oder die Verarbeitung von Seidenkokons in großen Betrieben (S. 24, Nr. 15). Da bleibt nicht viel übrig von der ehemals qualifizierten Arbeit der Seidmacherinnen (siehe nächstes Kapitel).

Neben diesen «zwangsweise» eingeführten Betrieben entstehen natürlich auch «freie», in denen ebenso Männer arbeiten. Doch der Anfang der Manufakturbetriebe liegt im Bereich der Frauenarbeit, vollzieht sich über die Ausbeutung von Frauen (und Kindern). Diese Art der Produktion schafft aber die Heimarbeit und das Verlagswesen nicht ab. Erst die Fabriken bringen mit der sogenannten technischen Revolution die großen Veränderungen. Nur als Hinweis sei noch hinzugefügt, daß die ersten Fabriken ebenfalls im Bereich des Textilwesens entstehen und mit Frauenarbeit beginnen. Erst ab Mitte des 19. Jahrhunderts ändert sich das Verhältnis von weiblichen und männlichen Fabrikarbeitern «zugunsten» der Männer. Diese kurze Entwicklungsskizze dient nur dazu, der Leserin und dem Leser ins Bewußtsein zu bringen, daß Frauenerwerbsarbeit auch nach dem Mittelalter, nach der Zeit, in der Frauen aus den qualifizierten Bereichen verdrängt wurden, weiterexistiert hat, daß mit der Arbeit und auf dem Rücken von Frauen entscheidende neue Produktionsweisen durchgesetzt worden sind.

21 Bierfrau/Bierverkäuferin

22 Pastetenbäckerin am Ofen mit Straßenverkauf beim Konzil zu Konstanz 1414–1418. Aus der Chronik des Konstanzer Konzils des Ulrich von Richental. 1492

23 Brotproduktion und -verkauf von Frauen. Detail aus einer Illustration zur Bibel des Königs Wenceslaus IV. (1389–1400)

III

FRAUENARBEIT
IN DEN STÄDTEN

Erst ab Mitte des 12. Jahrhunderts gewinnt das Städtewesen zunehmend an wirtschaftlicher und politischer Bedeutung. Mit der Auflösung der Villikationshöfe und der Entwicklung des Handels strömen immer mehr Menschen in die Stadt; das Gewerbe und der Handel erleben einen starken Aufschwung. Bis zum Ende des Mittelalters (und in bestimmten Bereichen auch weit darüber hinaus) ist es eine Selbstverständlichkeit, daß Frauen an der Entwicklung der ländlichen Arbeit und des städtischen Handwerks und Handels ebenso teilnehmen wie die Männer.

In einigen Städten setzt die Ausübung eines Handwerks oder einer Handelstätigkeit den Besitz der Bürger(-innen)-Rechte voraus. Grundsätzlich ist es Frauen im Mittelalter möglich, Bürgerrechte zu erwerben, sofern sie die Voraussetzungen dafür erfüllen. Dazu gehört beispielsweise der Besitz an Grund und Boden und die Zahlung von Steuern. Außerdem müssen militärische Dienste zur Sicherung der Städte erbracht werden. Die relativ hohe Zahl der Frauen mit Bürgerinnenrechten läßt sich unter anderem daran erkennen, daß in den Steuerlisten vieler Städte bis zu 35 Prozent Frauen aufgeführt sind. Die Wach- oder Gaffdienste, wie sie genannt werden, können auch durch Geldleistungen abgegolten werden, ebenso ist es möglich, andere damit zu beauftragen. Doch es scheint einige Frauen zu geben, die es vorziehen, ihre Wachdienste selber zu versehen. Ein Spottlied aus dem ausgehenden 17. Jahrhundert legt hiervon Zeugnis ab. Eine Nürnberger Bürgerin besteht darin resolut auf der Ausübung ihrer «Bürgerinnenpflicht».

«Hier steh' ich! Präsentier das Gewehr
Und zieh' auf meine Wach'.
Bis zu dem Laufer Tor hinauf.
Und jeder sieht mir nach...»

«Statt meinem Wach-Geld zeig ich mich
Selbst in Person allhier.
Hier bin ich zur bestimmten Zeit
In meinem schönsten Festtagskleid,
Worin ich exerzier...»[5]

Die beste rechtliche Stellung erwirbt die Frau im Verlauf des Mittelalters (jedenfalls in den meisten Regionen), wenn sie alleinstehend ist. Sie kann dann nämlich ohne Vormund ihre Geschäfte betreiben und vor Gericht auftreten. Früher brauchte jede Frau einen männlichen Vormund für Geschäfte, Vermögensfragen und vor Gericht. Die Ehefrauen stehen im Mittelalter auch bedingt weiterhin unter dieser «Mundschaft». Erwirbt eine Ehefrau allerdings einmal die Zustimmung ihres Mannes für die Ausübung eines Geschäftes, kann sie ohne weiteres Kontrakte und Rechtsgeschäfte selbständig abwickeln. Nur vor Gericht braucht sie zum Teil noch einen Vormund. Die praktische rechtliche Bewegungsfreiheit der Frauen war zwischen dem 13. und 15. Jahrhundert sehr groß. Es bleibt jedoch festzuhalten, daß Frauen rechtlich nicht vollständig gleichberechtigt waren. Deutlich ist auch hervorzuheben, daß Frauen im ganzen Mittelalter (und lange danach) keine politischen Rechte besitzen. Diese Tatsache wird bei der Verdrängung der Frauen aus qualifizierten Berufen noch eine verhängnisvolle Rolle spielen.

Die «Kursächsische Konstitution» im Jahre 1542 bedeutet eine rapide Verschlechterung der Rechtsstellung von Frauen. Erneut wird betont, daß die Geschlechtsvormundschaft für die verheiratete Frau beibehalten wird – man dehnt sie sogar auf alle Rechtshandlungen aus. Auch für die ledige Frau wird in vielen Gebieten wieder die Vormundschaft eingeführt. Die meisten dieser Regelungen gelten bis weit ins 19. Jahrhundert.

In den unteren Schichten der Stadtbevölkerung, die in der Regel keine Bürgerrechte besitzen, verfügen auch die Männer über keine oder nur eingeschränkte Rechte. Die Gleichheit in der Ungleichheit zwischen Frauen und Männern ist hier größer

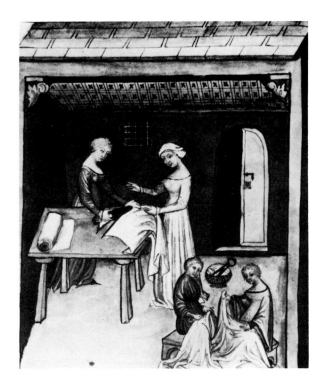

24 Zunftscheibe der St. Gallener Metzgerzunft 1564

25 Herstellung von Leinenkleidung. Aus dem Hausbuch der Cerruti. Ende des 14. Jh.

26 Schneiderin und Schneider. Bildseite aus der von B. Beham verfaßten Zunftordnung. Anfang des 16. Jh.

27 «Der Stecknadelmacher»

28 «Der Schneider»

29 «Der Dockenmacher von Trachant»

30 «Der Saitenmacher»

Alle Bilder aus: «Abbildung der Gemein=Nützlichen Haupt= Stände von den Regenten und ihren so in Friedens= als Kriegs= Zeiten zugeordneten Bedienten an / biß auf alle Künstler und Handwercker. Nach Jedes Ambts= und Beruffs=Verrichtungen / meist nach dem Leben gezeichnet und in Kupfer gebracht / auch nach Dero Ursprung / Nutzbar= und Denkwürdigkeiten / kurz / doch gründlich beschrieben / und ganz neu an den Tag gelegt Von Christoff Weigel / in Regenspurg.» 1698

31 «Der Zinner»

32 «Aalen=Schmid und Lanzetenmacher»

33 «Der Steinschneider» (Edelsteinschneider bzw. -schleifer)

34 «Der Schriftgießer»

Alle Bilder aus: «Abbildung der Gemein=Nützlichen Haupt=Stände …» 1698

35 «Der Hefftelmacher»

36 «Der Schellenmacher»

37 «Der Olmacher» (Ölmacher)

38 «Der Seydensticker»

Alle Abbildungen aus «Eygentliche Beschreibung Aller Stände auff Erden / Hoher und Nidriger / Geistlicher und Weltlicher / Aller Künsten / Handwercken und Händeln / u. vom größten biß zum kleinesten / Auch von irem Ursprung / Erfindung und gebreuchen. Durch den weitberümpten Hans Sachsen Ganz fleissig beschrieben / und in Teutsche Reimen gefasset / » Jost Amman 1568

als in den höheren Ständen. Eine politische Vertretung oder politische Rechte besitzen die Tagelöhner(innen), die Gesellinnen und Gesellen, das Gesinde usw. *nicht.*

Zwischen dem 13. und 15. Jahrhundert sind Frauen in so gut wie jedem Handwerk, Gewerbe oder Handelsbereich zu finden. Nur selten wird ihnen der Zugang aufgrund von Zunftvorschriften versperrt. Die traditionellen Frauentätigkeiten der einstigen Bäuerinnen entwickeln sich in der Stadt zu eigenen Berufen. Wahrscheinlich praktizieren die in die Stadt zuwandernden ländlichen Ehepaare zuerst eine Arbeitsteilung: Der Mann geht der Frau zur Hand, leistet – wie auf dem bäuerlichen Hof – gewisse Zu- und Vorarbeiten. In späterer Zeit gelingt es dann immer mehr Männern, in diesen einstigen Frauendomänen selbständig zu arbeiten. So bezieht sich die Abbildung 21 (S. 29) beispielsweise noch eindeutig auf die Frau: «Bierfrau oder Bierverkäuferin», obwohl ein Mann ebenfalls abgebildet ist. Auf dem Bild 44 (S. 43) sieht das schon ganz anders aus. Die Abbildung stammt aus dem 17. Jahrhundert, und die französische Beschriftung spricht noch eindeutig von Brauer und Brauerin. Im Deutschen ist zu dieser Zeit bereits «Bierbrauer» und «Jungfrau» daraus geworden. Es ist offensichtlich zu diesem historischen Zeitpunkt, in dem die meisten Handwerke von Männern dominiert sind, nicht mehr vorstellbar, daß es einst eigenständige Bierbrauerinnen gab, obwohl die Darstellung selbst sowohl den Mann als auch die Frau unter dem Zunftwappen und ausgerüstet mit berufstypischen Arbeitsinstrumenten zeigt.

Das Bild mit der Pastetenbäckerin (Nr. 22, S. 29) zeigt auch bereits die gemeinsame Arbeit der Frau mit Männern (möglicherweise Ehemann und Gehilfe). Zu den wenigen Bereichen, in denen Frauen nur in Ausnahmefällen aktiv sind, gehören die Waffenschmieden und der Verkauf von Kriegswerkzeugen oder Rüstungen. So sehen wir auf der Abbildung 46 (S. 44) neben der Frau mit ihrem Kramladen den Verkäufer von Ritterrüstungen. Unter diesem Bild ist wieder eine bis heute typische Frauendomäne abgebildet, der «Verkauf alter Kleider» (Nr. 47). Weitere Verkaufs- und Handelsbereiche von Frauen sind Obst, Butter, Geflügel, Fisch, Milch, Käse, Salz, ebenso der Handel mit Hafer und Heu. Frauen im Groß- und Fernhandel sind ebenfalls bekannt. Am häufigsten betreiben sie Im- und Export mit Textilwaren, Wolle, Seide, Metallwaren, Gewürzen und Wein. Für Köln läßt sich nachweisen, daß im 15. Jahrhundert Frauen durchschnittlich zehn Prozent der Weinhändler ausmachen und im Bereich der Spitzenklassen, die ein jährliches Handelsvolumen von 100, 300 und mehr Fuder (ca. 100000 bis 300000 Liter und mehr) umfassen, bis zu einem Drittel Händlerinnen tätig sind[6].

Verheiratete und unverheiratete Frauen arbeiten in städtischen Diensten, so zum Beispiel als Zinsmeisterinnen. Ihre Aufgabe ist es unter anderem, die Einnahmen aus den von der Stadt verpachteten Häusern zu verwalten. Vielfach treten Frauen in dem wichtigen Beruf der Geldwechslerin auf. In späterer Zeit wird das Wechselgeschäft zu Banken ausgebaut. So schreibt H. Wachendorf für Frankfurt: «Die Konzession für die drei seit 1403 ausgebildeten Bankinstitute wird nicht nur dem betreffenden Kaufmann erteilt, sondern zugleich auch seiner Gattin»[7]. Die Abbildung 45 (S. 43), auf der ein Geldwechselehepaar zu sehen ist, zeigt ihre gemeinsame Arbeit, wobei die Frau offensichtlich auch die Bücher führt. Das Bild aus dem 16. Jahrhundert wird in der Regel «Der Geldwechsler und sein Weib» genannt, woraus schon die «männliche» Definition und Betrachtungsweise des Berufs- und Geschäftslebens zu erkennen ist.

Eine andere wichtige Berufsgruppe sind die Unterkäuferinnen und Unterkäufer, die eine Art Maklerfunktion ausüben. Es sind «geschworene» Leute. Käufe erhalten nur dann verbindliche Rechtskraft, wenn diese Frauen oder Männer bezeugen, daß diese in ihrer Gegenwart abgeschlossen wurden. Im Zwischenhandel, beispielsweise mit Fischen, gibt es eine größere Anzahl Frauen, die als Kommissionärinnen, also in Rechnung für andere, Verkauf auf den Märkten betreiben. Aus Straßburg ist bekannt, daß Frauen und Männer gleichberechtigt als Kornkäufer(innen) auftreten. Ihnen obliegt das Abmessen des Getreides und auch der Unterkauf. In einer Straßburger Kornkäuferordnung aus dem 15. Jahrhundert heißt es: Es darf kein Kornkäufer, egal, ob Frau oder Mann, Getreide messen oder Unterkauf treiben, ohne auf die vorliegende Ordnung zu schwören[8].

Eine weitere Gruppe sind die Schreiberinnen. Ein Teil ihrer Dienstleistungen, die mit Dokumenten und Urkunden zu tun haben, sind von der Zulassung durch die Stadt und die Bindung an einen Eid abhängig. Andere Dienstleistungen im Schreibwesen wiederum sind reine Privatarbeiten. Zu den Arbeiten der Schreiberinnen gehört das Abschreiben von Texten und Urkunden. Viele Schreiberinnen sind gleichzeitig Buchhalterinnen. Einige erteilen auch Unterricht als Lehrerinnen. Das Ansehen dieses Berufsstandes ist im Mittelalter sehr hoch. Die große Zahl von Frauen in diesem Beruf ist nicht erstaunlich, wenn frau/man sich daran erinnert, daß die Schreib- und Lesekunst im frühmittelalterlichen Deutschland noch den «Verruf» des «Weibischen» und «Pfäffischen» trägt. Erst die Entwicklung von Handwerk, Handel und Geldverkehr wie auch der «schönen Künste» dürfte hier eine Verschiebung zugunsten der Männer gebracht haben.

Auf Seite 80 (Nr. 86) ist eine Schreiberin zu sehen, die für Reimar von Zweter, einen Minnesänger, arbeitet (rechts im Bild). Urkunden, die Schreiberinnen namentlich nennen, gibt es seit dem 13. Jahrhundert. Einige Schreiberinnen leben im Kloster und erzielen mit Schreib- und Übersetzungsarbeiten (aus dem Lateinischen) nachweislich ein eigenes Einkommen[9].

Die bekannteste Postmeisterin ist wohl die Kölnerin Katharina Henot, eine Witwe, die die Postmeisterei von ihrem Vater übernommen hat. Am 16. Mai 1627 wird sie als Hexe in Köln verbrannt, obwohl sie kein Schuldgeständnis trotz schwerster Foltern ablegt. Hintergrund dieses Mordes ist, wie in einer ganzen Reihe von Hexenprozessen, die wirtschaftliche Konkurrenz. Katharina Henots Widersacher ist ein Mann, der ebenfalls eine Postmeisterei betreibt und sie aus dem Weg «räumen» will, was dann auch mit der Beschuldigung der Hexerei gelingt[10].

Der wichtigste und umfangreichste Arbeitssektor von Frauen liegt im Mittelalter im Handwerk. Dabei gibt es den Unterschied zwischen freiem und zünftigem Gewerbe. Mit dem 14. Jahrhundert erstarkt das Zunftwesen so sehr, daß immer mehr Verbote in den qualifizierten Bereichen gegen die dort «frei» arbeitenden Frauen und Männer erlassen werden. Entweder müssen sie ihre selbständige Arbeit aufgeben oder in die Zunft eintreten.

In den Zunftbetrieben arbeiten Frauen als selbständige Unternehmerinnen, Meisterinnen, Gesellinnen und Lehrlinge. Eine erhebliche Zahl von Frauen ist in den verschiedenen Zweigen der Textilbranche tätig. Ein Teil der verheirateten Frauen übt selbständig und unabhängig vom Mann ein Gewerbe aus. Andere arbeiten mit ihren Männern im gleichen Handwerk und führen gemeinsam einen Betrieb. In einigen Handwerksbetrieben praktizieren die Eheleute eine Arbeitsteilung. So ist zu vermuten, daß die Frauen auf den Abbildungen die «Gürtlerwerkstatt» und die «Schuhmacherwerkstatt» (S. 44, Nr. 48; S. 45, Nr. 50), die jeweils den Verkauf tätigen, die Ehefrauen sind.

In vielen Fällen gibt es auch den umgekehrten Fall: Die Frau betreibt ein Handwerk und der Mann den Verkauf oder Handel dieser Waren.

Wie unvorstellbar eine eigenständige Handwerkerin in späteren Jahrhunderten ist, läßt sich an dem Untertitel zur «Bürstenbinderin» erkennen (S. 45, Nr. 49). Diese Frau wird von einem Autor des 20. Jahrhunderts trotz der eindeutigen Bildbeschriftung als «Frau eines Bürstenbinders» tituliert. Nicht anders ergeht es der «Goldwägerin» (S. 43, Nr. 43) – ein Beruf, in dem sich im Mittelalter eine ganze Reihe selbständiger Frauen finden lassen – auch sie wird später als «Frau eines Goldschmiedes» vorgestellt, ohne daß das Bild einen Anhaltspunkt hierfür hergibt.

Gegen die umfangreiche Arbeit von Frauen im Handwerk, insbesondere in den Zünften, wird immer wieder eingewendet, die hohe Geburten- und Kinderzahl habe es den Frauen gar nicht möglich gemacht, in diesem Umfang berufstätig zu sein. Für die Stadt gilt aber ebenso wie für das Land[11], daß die Kenntnisse über Verhütung und Abtreibung es Frauen ermöglichen, die Kinderzahl relativ klein zu halten. So sind auch in der Stadt mehr als drei Kinder die Ausnahme und nicht die Regel. Großeltern, Kinder und Enkelkinder leben nicht unbedingt unter einem Dach. Es ist auch bekannt, daß nicht durchgängig Gesellinnen und Gesellen bei ihrer Meisterin oder ihrem Meister wohnen, das gleiche gilt für die Hilfskräfte. Das oft erwähnte Heiratsverbot und die «berühmten» Wanderjahre sind im übrigen Regelungen, die sich erst im späten Mittelalter und auch nicht in allen Zünften durchsetzen[12]. Soweit zu den Vorbehalten und Einwänden. Nun zu den einzelnen Tätigkeiten und Handwerken, in denen Frauen arbeiten.

Aus einer Quellenstudie über die Frauenarbeit in der Stadt Frankfurt für den Zeitraum von 1320 bis 1500 geht hervor[13], daß es rund 200 Berufsarten gibt, in denen Frauen arbeiten. Der Autor unterteilt diese Bereiche in vier Gruppen. Die erste besteht aus den Berufen, für die nur weibliche Namen vorkommen, davon gibt es 65 verschiedene (!). Die zweite

Gruppe enthält die Berufe, in denen Frauen überwiegen, das sind 17. In 38 Berufen wiederum sind Frauen und Männer etwa gleichstark vertreten. «Nur» in 81 Beschäftigungsarten bleibt der Umfang der Frauenarbeit hinter dem der Männer zurück. Im weiteren will ich mich vor allem an den Zunftorganisationen und den Berufsarten orientieren, in denen Frauen vorkommen.

Zunft- oder Vollgenossinnen sind die Meisterfrauen und -töchter, die im Betrieb ihres Mannes arbeiten (oder umgekehrt). Es gibt aber immer wieder Versuche, diese Tätigkeiten einzuschränken, damit keine Konkurrenzvorteile gegenüber anderen Zunftmitgliedern entstehen. Ein solcher Betrieb darf dann beispielsweise nur eine geringere Zahl von Gesellinnen oder Gesellen, Hilfskräften und Lehrlingen einstellen.

Für Töchter und Söhne ist der Zugang zur Lehre in fast jedem Gewerbe gleichermaßen und ohne Beschränkungen offen.

Zu den Vollgenossinnen der Zünfte zählen auch die selbständigen Meisterinnen, gleich ob verheiratet, verwitwet oder ledig. Untadelige Abstammung und ein guter Ruf sind die Voraussetzung für die Zulassung zur Zunft, das gilt für Männer ebenso. Das Handwerk oder der Betrieb gehen normalerweise von dem Vater oder der Mutter auf die Töchter und/oder Söhne über. In der Regel kann eine Frau nach dem Tod ihres Mannes den Betrieb weiterführen.

Frauen können als Meisterinnen in der Zunft auch Funktionen übernehmen. So zum Beispiel als sogenannte Amtsmeisterinnen. Zu dieser Aufgabe gehört, daß sie die Qualität der Waren und das Einhalten der Produktionsvorschriften in den einzelnen Betrieben kontrollieren. Was Frauen nicht können, auch nicht in den ausschließlichen Frauenzünften, ist, die *Zunft nach außen politisch zu vertreten*. Diese Tatsache spielt bei der Verdrängung der Frauen aus den Zünften eine erhebliche Rolle. Bis Ende des 15. Jahrhunderts überwiegen die Dokumente, die von der gleichberechtigten Stellung der Frau Zeugnis ablegen. Rechte und Pflichten sind nicht geschlechtsspezifisch verteilt, auch die Lehrzeit ist in der Regel für Mädchen und Jungen gleich lang.

In einer Reihe von Zunftordnungen finden sich ausdrücklich Formulierungen, die Frauen *und* Männer nennen. In der aus dem 14. Jahrhundert stammenden Zunftordnung der Wollweber heißt es beispielsweise: «Wer Webmeister oder -meisterin ist, der soll haben, ob er will, einen Lernknecht und eine Lehrdirne und nicht mehr»[14].

1276 heißt es in einem Augsburger Stadtbuch: «Wenn jemand sein Kind ein Handwerk lernen läßt, es sei Sohn oder Tochter, so soll, wenn es zur Klage über den verheißenen Lohn kommt, ein Burggraf darüber richten, wie die Schuld beschaffen sei»[15].

Zur Zunfterblichkeit im Schuhmacherhandwerk heißt es in einer Ordnung der Stadt Riga vom Ende des 14. Jahrhunderts: Wer in das Amt hineingeboren wird, kann das Handwerk frei ausüben.

Als letztes Beispiel sei die Zunftordnung des Schneiderhandwerks der Stadt Frankfurt von 1377 genannt: «... auch welche Frau das Handwerk treiben will, die nicht einen Mann hat, sie soll vorher Bürgerin sein und es mit dem Rathe austragen; wenn das geschehen, soll sie dem Handwerk 30 s. geben, dem Handwerk zum gemeinem Nutz, und ein Viertel Wein, das sollen die vom Handwerk vertrinken; wenn dies geschieht, hat sie und ihre Kinder Recht zum Handwerk»[17]. Die gleichen Anforderungen werden auch an einen Mann gestellt, der das Handwerk ausüben will.

Zu den Zünften, zu denen Frauen unbeschränkt oder in einigen Städten mit gewissen Beschränkungen zugelassen sind, gehören Brauerei und die Bäckerei.

In den verschiedenen Fleischereigewerben sind Frauen in einer Reihe von Städten als Vollgenossinnen der Zünfte bekannt. So findet sich auf der Wappenscheibe der St. Gallener Metzgerzunft selbst im 16. Jahrhundert noch die Abbildung einer Frau (S. 31, Nr. 24), die nicht einfach als «mithelfende Familienangehörige» abgetan werden kann. Im Textilgewerbe gibt es eigentlich kaum ein Handwerk, in dem nicht Frauen zur Zunft zugelassen sind. In der Wappenstickerei arbeiten Meisterinnen, Gesellinnen und Lehrtöchter. Das gleiche gilt für die Zunft der Wollweberei. Unbestritten ist die vollständige Zulassung der Frauen in der Zunft der Filzhutmacher, der bereits erwähnten Schneiderei und der Beutelmacherei. Nur vereinzelte Aussagen gibt es über die Holzschuhmacher, die Gürtler, Riemenschneider, Sattler, Böttcher oder Faßbinder und Paternostermacher (Herstellung von Rosenkränzen). Daß Frauen das Schmiedehandwerk selbständig betreiben konnten, ist nur für zwei Städte nachweisbar. Als Hilfskräfte arbeiten Frauen fast überall. So zum Beispiel auch im Dachdecker- und

37

39 Die Behandlung der Eier des Seidenwurmes. J. Stradanus. 16. Jh.

40 «Die Nätherinen». Gertrud Roghman. Anfang des 17. Jh.

41 «Die Spinerin». Gertrud Roghman. Anfang des 17. Jh.

42 Spott auf die Untugenden der weiblichen Dienstboten. Flugschrift 1652

43 Die Goldwägerin. Kupfer von W. v. Olmütz. 15./16. Jh.
44 Brauerin und Brauer. 17. Jh. Die französische Bezeichnung erweist sich als präziser.
45 Geldwechselehepaar. Sie führt die Bücher. M. v. Roymerswale. 1538

46 Frau beim Verkauf. Aus Cicero: «Von den tugentsamen ämptern». 1531. Holzschnitt v. H. Weiditz

47 Verkauf gebrauchter Kleidung durch Frauen. Kupferstich aus «Nürnberger Kleidertrachten». 1689

48 Gürtlerwerkstatt. Die Frau tätigt das Verkaufsgeschäft. Holzschnitt Ende des 16. Jh.

49 «Eine Bürsten=Binderei».
Kupfer nach J. J. Stelzer von
N. Engelbrecht. 18. Jh.
E. Mummenhoff untertitelt
das Bild mit: «Frau eines
Bürstenbinders, mit ihren
Bürsten geschmückt, als Dame»
in: «Der Handwerker in der
deutschen Vergangenheit». 1924

50 Schuhmacherwerkstatt.
Die Frau übernimmt den Verkauf.
Holzschnitt Ende des 16. Jh.

51 Köchin und Koch. Illustration aus M. Rumpolt's Kochbuch vom Jahre 1587

52 Botenfrau aus dem 18. Jh., die an Markttagen außer Gemüse auch den Brief- und Postverkehr zwischen Jena und Weimar vermittelte. Steindruck 19. Jh. nach älterer Zeichnung

53 «Der Weiberaufruhr in Delft aus Anlaß des neuen Getreidezolles 1616». Vermutlich M. Merian

Maurerhandwerk oder der Ziegelei. In diesen Bereichen sind Frauen nur in wenigen Städten oder nur Witwen zur selbständigen Führung des Handwerks berechtigt, die meisten Frauen sind Hilfskräfte. Die Nadelmacherinnen finden sich in vielen Städten in den Zünften, ebenso die Goldschmiedinnen.

Badestuben (S. 90, Nr. 96; S. 91, Nr. 97) werden sehr häufig von Frauen betrieben; sie werden «Baderinnen» genannt. Auch dieser Beruf ist als Zunft oder Gilde organisiert. Frauen und Männer sind gleichberechtigt. Diese Aufzählung reicht sicherlich aus, um einen Eindruck über den Umfang und die Art der selbständigen Frauenarbeit im Mittelalter zu bekommen.

FRAUENZÜNFTE

Über reine Frauenzünfte gibt es Quellenangaben für Frankreich, die Stadt Zürich und Köln. Ich werde mich hier auf Köln beschränken. Es gibt in dieser Stadt die Zunft der Garnmacherinnen, der Goldspinnerinnen, der Seidmacherinnen und der Seidspinnerinnen.

Die Garnmacherinnen organisieren sich als Zunft in der Zeit zwischen 1370 und 1397. Die ausschließlich weiblichen Lehrlinge haben eine vierjährige Lehrzeit. Nach Abschluß der Ausbildung wird die Arbeit der Lehrtochter überprüft, und nach einem positiven Urteil kann sie sich selbständig machen, vorausgesetzt, sie kann die Aufnahmegebühr zahlen. Eine Meisterin darf jeweils immer nur einer ihrer leiblichen Töchter zur Selbständigkeit verhelfen (Söhne sind ausgeschlossen) und das auch nur mit Geld, nicht durch die Bereitstellung von Garn. Damit soll eine Bevorzugung der Töchter gegenüber anderen Lehrmädchen verhindert werden. Selbständige Meisterinnen können drei Lohnarbeiterinnen (zum Beispiel Gesellinnen oder weibliche Hilfskräfte) beschäftigen; die «auf der eigenen Hand sitzende» Tochter (so wird die Selbständigkeit genannt) hingegen darf nur zwei Mägde haben.

Den Garnmacherinnen ist es erlaubt, für längstens 14 Tage ihr Garn zur Verarbeitung außer Haus zu geben, wenn die Arbeit im eigenen Betrieb nicht zu bewältigen ist. Sehr oft erhalten Beginen, von denen im nächsten Kapitel die Rede sein wird, diese Aufträge. Später gehen diese Arbeiten auch an arme Garnmacherinnen, die ihren Betrieb im Zuge verschärfter Konkurrenz kaum noch halten können.

An solchen Punkten entwickelt sich das städtische Verlagssystem, von dem ich sprach – und hier treten auch Frauen als Verlegerinnen auf.

Witwern ist es mit Hilfe des Gesindes erlaubt, das Gewerbe ihrer Frauen fortzuführen, vorausgesetzt, sie heiraten keine zunftfremde Frau.

Kölner Garne sind international beliebt und werden in erheblichem Umfang exportiert. Entsprechend hoch ist das Einkommen der Garnmacherinnen und die Zahl von Frauen, die selbständig oder als Lohnarbeiterinnen in diesem Bereich arbeiten.

Die Goldspinnerinnen sind mit den Goldschlägern zusammen in einer Zunft. Goldspinnerei ist aber ausschließlich Frauenarbeit; nur Frauen sind in der Zunft zugelassen. Die Lehrzeit beträgt auch hier vier Jahre. Eine ledige Goldspinnerin darf vier Mägde beschäftigen; ist eine der Frauen mit einem Goldschläger verheiratet, darf sie nur drei Angestellte für Lohn arbeiten lassen. Da Gold- und Silberdraht, der beispielsweise beim Besticken von Borten und Gewändern verwendet wird, ein geschätzter und hochwertiger Artikel zu dieser Zeit ist, sind auch die Goldspinnerinnen (und Goldschläger) wohlhabend und einflußreich im städtischen Leben.

Die herausragende Rolle spielt aber das Kölner Seidengewerbe, und das über Jahrhunderte hinweg. Dieses für den Kölner Export sehr wichtige Gewerbe wird fast ausschließlich von Frauen betrieben. Nur in der Seidfärberei finden sich auch Männer. Selbst den Handel führt ein Teil der Frauen in Eigenregie durch.

Zum Seidengewerbe zählen die Seidmacherinnen, die Seidspinnerinnen und die Seidfärberinnen und -färber. Seidspinnerei und -färberei sind Hilfs- und Zuarbeitsgewerbe. Seidenraupenzucht soll es zwar schon im 13. und 14. Jahrhundert vereinzelt in Deutschland gegeben haben, in Köln jedoch wird Rohseide lange importiert, und erst später wird eigenständig Seidenraupenzucht betrieben. Die Bilder auf den Seiten 38/39 (Nr. 39) und 73 (Nr. 78) zeigen die Behandlung und Weiterverarbeitung der Eier des Seidenwurms bzw. der Kokons.

Der erste Amtsbrief wird 1437 für die Seidmacherinnen ausgestellt. Die Hauptseidmacherinnen, wie die Meisterinnen genannt werden, dürfen bis zu vier Lehrtöchter gleichzeitig ausbilden, außerdem die eigenen Töchter. Die Zahl der Hilfskräfte ist in diesem Gewerbe nicht beschränkt. Bis 1469 beträgt die Lehrzeit drei, danach vier Jahre. Selbst aus

Aachen, Mainz, Lübeck und Antwerpen kommen Mädchen, die in Köln das Seidmacherinnenhandwerk lernen wollen. Magret Wensky hat für Köln gezeigt, daß zwischen 1437 und 1504 insgesamt 116 Seidmacherinnen einen Gewerbebetrieb unterhielten, die 765 Lehrtöchter aufgenommen haben.

Die Organisation der Seidmacherinnenzunft ist ähnlich wie in den anderen Frauenzünften. Jährlich wählen die Hauptseidmacherinnen zwei Frauen und zwei Männer als Amtsmeisterinnen und -meister. Eheleute dürfen dieses Amt nicht beide zur gleichen Zeit ausüben. Die Männer sind fast durchgängig Ehemänner von Seidmacherinnen. Den Amtsmeisterinnen ist die technische Beaufsichtigung der Zunft unterstellt, die Amtsmeister vertreten die Zunft nach außen. Der Einfluß der Seidmacherinnen auf den Rat der Stadt ist wahrscheinlich lange Zeit recht groß gewesen, denn die meisten von ihnen kommen aus Familien, in denen der Vater oder der Ehemann Ratsherr ist.

Allerdings scheint diese Tatsache nichts daran geändert zu haben, daß im Laufe des 17. Jahrhunderts Frauen aus dem Seidenhandwerk bzw. der Zunft zunehmend verdrängt werden. Es gibt über den genauen Verlauf dieser Entwicklung keine Aussagen und Unterlagen. Bekannt ist nur, daß zu Beginn des 16. Jahrhunderts die Zunftorganisation in einen recht desolaten Zustand gerät: Die Bücher des Zunftvorstandes werden immer schlechter geführt und weisen bis zur Neuorganisation im Jahre 1513 erhebliche Lücken auf. Weiterhin ist bekannt, daß um 1500 bereits 34 Männer auf das Seidenamt vereidigt sind. Inwieweit sie das Gewerbe selber ausgeübt haben, ist nicht bekannt. Klar ist nur, daß die männlichen Zunftmitglieder 1513 bei der Reorganisation in erheblichem, wenn nicht sogar entscheidendem Maße beteiligt sind. Dennoch führt das Zunftbuch von 1513 bis 1580 nur Lehrfrauen und Lehrtöchter auf. Was aus der Zunft geworden ist und wo die Frauen geblieben sind, darüber habe ich nirgendwo Unterlagen gefunden. Jedenfalls werden am Ende des 16. und vor allem im 17. Jahrhundert Frauen aus diesem qualifizierten Beruf verdrängt[18].

Die Seidspinnerinnen erhalten zwar 1456 einen eigenen Zunftbrief, bleiben aber ein Hilfs- und Zuliefergewerbe gegenüber den Seidmacherinnen. Ständig kommt es zu Streitigkeiten, weil zu niedrige Preise gezahlt werden oder die Seidmacherinnen sogar versuchen, die Seidspinnerinnen in Form von Waren zu bezahlen anstatt mit Geld. Die Seidspinnerinnen beschweren sich beim Zunftvorstand der Seidmacherinnen und wenden sich an den Rat der Stadt. Die Untersuchungskommissionen aber kommen zu keinem konkreten Ergebnis. So bleibt es bei Ermahnungen an die Seidmacherinnen. Die Seidspinnerinnen haben aber noch eine andere Konkurrenz: die Klöster und Beginenkonvente, auch dort wird Seide gesponnen. So haben die Seidspinnerinnen einen schweren Stand: auf der einen Seite die Konkurrenz und auf der anderen Seite die Abhängigkeit von den Seidmacherinnen. Sie müssen daher trotz der Eigenständigkeit (als Zunft) in einer Art Verlagssystem arbeiten. Einigen Seidspinnerinnen, die offensichtlich auch Handel treiben, gelingt es aber trotz aller Schwierigkeiten, unabhängig zu bleiben.

Die Seidfärberinnen und -färber besitzen keine eigene Zunft und unterliegen vermutlich den Zunftbestimmungen der Seidmacherinnen, zumal sie auch nur für diese färben dürfen.

Wenn wir auch nicht im einzelnen wissen, wie Frauen aus diesen Handwerken verdrängt worden sind, so macht dieser Entwicklungsprozeß in einem ausschließlichen Frauenhandwerk doch einiges deutlich. Angefangen hat es mit der Kunst der Seidenstickerei, die im frühen Mittelalter nur von Frauen ausgeübt wurde. Immer mehr phantasievolle Stoffe entstehen. Verwandt wurden Gold- und Silberfäden und gedrehtes Leinengarn, wie beispielsweise bei den berühmten Kölner Borten der Wappenstickerinnen und Wappensticker. Der Ursprung dieser Zunft liegt in der Seidenstickerei und weitet sich dann aus, indem Halbseidenfabrikate und neben Gold- und Silberfäden auch andere Garne benutzt werden. Es ist anzunehmen, daß auch in diesem Handwerk lange Zeit Frauen in der Mehrheit waren. Zumal das Seidengewerbe, die Wappenstickerei, die Goldspinnerei und wohl auch die Garnmacherei (also Handwerke, in denen fast ausnahmslos Frauen arbeiteten) eng zusammenhingen und voneinander abhängig waren.

Da gerade in diesen Gewerben auch noch im 16. Jahrhundert viele Frauen arbeiten, verwundert es um so mehr, wenn 1568 in einem Ständebuch die Seidenstickerei durch einen Mann verkörpert wird. Auf Seite 34 (Nr. 38) sehen wir den «Seydensticker» bei der Arbeit und eine Frau, bei der es sich um eine Kundin handeln soll. Es sieht so aus, als wenn sich in der zweiten Hälfte des 16. Jahrhunderts das «neue

Frauenbild» der treusorgenden Ehefrau und Mutter schon in den Köpfen eingeprägt hat. Obwohl Frauen noch in Handwerk und Handel arbeiten, werden sie in Bild und Schrift bereits unterschlagen.

Auf der Abbildung Nr. 35 (Seite 34) finden wir den «Hefftelmacher» (Hefftel = Nadeln, Haken, Ösen und ähnliches), obwohl unübersehbar eine Frau *und* ein Mann diese Arbeit verrichten und obendrein bekannt ist, daß dieses Gewerbe bis Ende des 15. Jahrhunderts zu den sogenannten «Frauendomänen» zählte. Nicht viel besser ergeht es der Frau auf der Darstellung eines Ölbetriebes (Nr. 37), auch dieser Holzschnitt ist mit «Der Olmacher» überschrieben. Die Schellenmacherin (Nr. 36) wird durch die Bildbeschriftung «Der Schellenmacher» zur berufslosen Frau. In einem anderen Handwerker- und Ständebuch, das 1698 erschienen ist, wird genauso mit den Frauen in den Handwerksberufen verfahren. Auf den Seiten 32 und 33 finden sich acht Bilder. Auf allen Darstellungen arbeiten Frauen und Männer gemeinsam. Manchmal springen die Frauen geradezu ins Auge, und trotzdem müssen sie unter männlicher Berufsbezeichnung «antreten» (zum Beispiel «Der Stecknadelmacher», Nr. 27). Auch die Puppenmacherin, deren selbständige Handwerkstätigkeit nachweisbar ist, muß sich damit begnügen (Nr. 29) unbenannt neben dem «Dockenmacher von Trachant» zu arbeiten. Die Frau auf Abbildung 33 macht sogar die schwerste Arbeit, indem sie das Antriebsrad für den Schleifstein bedient. Auch sie wird wie selbstverständlich unter der männlichen Berufsbezeichnung «Der Steinschneider» geführt.

Als letztes möchte ich noch die Frau auf dem Bild «Aalen Schmid und Lanzetenmacher» eingehender würdigen (Nr. 32). Denn das Bild sagt mehr aus als die Überschrift. Offensichtlich stellt der Mann Lanzen und andere Waffenarten her. Die Frau wiederum scheint ein eigenes Gewerbe zu betreiben, denn sie verarbeitet in einem anderen Teil des Betriebes Stoffe. Es ist kaum anzunehmen, daß sie hier bei «häuslichen» Tätigkeiten neben ihrem Mann dargestellt werden soll, zumal es dem Charakter aller Abbildungen in diesem Ständebuch widersprechen würde. Gerade die Bilder aus den beiden Ständebüchern machen für mich besonders deutlich, wie nicht nur durch die schriftlichen Darstellungen, sondern auch durch Bilder der Anteil der Frauen an der Geschichte der Arbeit, hier des Handwerks, «unterschlagen» wurde und in Vergessenheit geraten ist. So gehören dann Bilder, wie die bereits genannte Zunftscheibe der Metzgerei (S. 31, Nr. 24) und die Bildseite aus einer Zunftordnung, auf der eine Schneiderin und ein Schneider (und Gehilfe) abgebildet sind (S. 31, Nr. 26), zu den wenigen klaren «bildhaften» Darstellungen der Frauenarbeit in den Zünften. Auch die Herstellung von Leinenkleidung (S. 31, Nr. 25) scheint man im 14. Jahrhundert noch unbestritten und eindeutig den Frauen zugeordnet zu haben.

Im 17. Jahrhundert ist es dann wohl fast undenkbar gewesen, Frauen anders als in den typisch weiblichen Berufen darzustellen. Das gilt zum Beispiel für die «Nätherinen» und die «Spinnerin» von Gertrud Roghmann (S. 40, Nr. 40; S. 41, Nr. 41). Immerhin geht die Malerin noch von einem Beruf und nicht von hausfraulicher Tätigkeit aus. Der Beruf des Dienstboten, der neben dem der Mägde und Knechte (auf dem Land) relativ früh in den (städtischen) Haushalten als eigener Berufsstand entsteht, bleibt bis weit in unser Jahrhundert hinein ein «Dauerbrenner» unter den weiblichen Berufen. Dienstmädchen sind immer die schlechtest entlohnte Gruppe gewesen. Ihr Arbeitstag betrug oft genug 16 Stunden und mehr, dagegen ist im mittelalterlichen Handwerk ein 12-Stunden-Tag und das Verbot der Sonntagsarbeit normal gewesen. Nur die Köchinnen (Seite 46, Abb. 51) hatten einen etwas besseren Stand.

Der Gemüseverkauf auf dem Markt bleibt über die Jahrhunderte hinweg, ebenso wie andere Bereiche des Kleinhandels, in Frauenhand. Es ist auch keineswegs so, daß Frauen mit dem 16. Jahrhundert völlig aus dem Erwerbsleben verschwinden. Frauen finden sich aber fast gar nicht mehr in zünftigen und qualifizierten Handwerken und in den meisten wichtigen anderen Bereichen. Die unqualifizierte Arbeit wird ihre fast ausschließliche Erwerbsquelle.

Als Symbol für alle Frauen, über die ich bereits berichtet habe und noch berichten werde, mag das Bild auf Seite 46 (Nr. 53) stehen: «Der Weiberaufruhr von Delft aus Anlaß des neuen Getreidezolles 1616». Die ständige Teuerung der Getreidepreise, damit der Brotpreise, brachten Käuferinnen und Produzentinnen auf die Barrikaden. Frauen beteiligten sich ebenso an den Bauernaufständen, und sicherlich haben sich Frauen auch nicht kampflos aus den Zünften drängen lassen. Das holländische Bild, als eines der wenigen dieser Art, soll stellvertretend für sie alle stehen.

49

IV

BEGINENKONVENTE ALS LEBENS- UND ARBEITSGEMEINSCHAFT ALLEINSTEHENDER FRAUEN

Ein großer Teil der alleinstehenden Frauen (und Männer) lebt im Mittelalter in Klöstern oder anderen laienreligiösen Gemeinschaften. In späteren Jahrhunderten neigte man/frau dazu, diese Lebensart als «Notlösung» zu interpretieren. Konnten Töchter nicht verheiratet werden, wurden sie ins Kloster geschickt und mußten dort unter Verzicht jeglicher Lebensfreuden bis zu ihrem Tod eingesperrt leben. Aus dieser Vorstellung resultiert auch die Auffassung, daß es zu Luthers größten Taten zählte, gegen das Klosterleben zu wettern. Im Zuge der Reformation wurden entsprechend viele Klöster aufgelöst.

> Sie ging zu ihrer Mutter
> und bat um deren Gnad,
> daß sie durch die Liebe Gottes
> eine Begine aus ihr macht.
>
> Die Mutter sprach, Tochter liebe mein
> gekleidet wie im Orden
> soll ihr Leben in Werk und Worten
> stets einfach und bescheiden sein.
>
> Sie sprach, o liebe Mutter mein,
> ein solch Beginenleben
> will ich wohl auf mich nehmen
> und gern gehorsam sein.
>
> Die Mutter vom Beginenhof
> gab ihr den Umhang und den Rock
> und als dies all war wohlgetan
> zur Kammerschwester sie nun kam.
>
> So sollt sie lernen werken
> und nähen und auch spinnen
> und durch der Hände Arbeit
> ihr eigen Brot gewinnen.

In Anlehnung an das 103 Verse umfassende Gedicht von dem «Beginchen von Paris» aus dem 15. Jahrhundert. Verfasser(in) unbekannt. (Text: Dohmen/Wolf-Graaf, Musik: Dohmen)

Das mittelalterliche Klosterleben bietet tatsächlich vielfältige Möglichkeiten. So können theologische und wissenschaftliche Studien betrieben, Heilmethoden erforscht, aufgeschrieben und sicherlich auch angewendet werden. Es gibt umfangreiche literarische Arbeiten, die von Nonnen verfaßt werden, nicht selten sind sie als Miniaturmalerinnen oder Illustratorinnen tätig und erlangen Berühmtheit. Hildegard von Bingen, die in allen Bereichen arbeitet, erlangt besonders mit ihren Schriften zur Heilkunde und zur Mystik großes Ansehen (sie lebte von 1098 bis 1179). Als berühmteste Buchmalerin gilt die 1300 gestorbene Gisela von Kerssenbrock, eine Nonne aus dem Kloster Rulle in Westfalen. Die bemerkenswerteste Enzyklopädie mit 636 farbigen Federzeichnungen verfaßt Herrade von Landsperg, eine Äbtissin des 12. Jahrhunderts.

Das Klosterleben bietet eine Reihe von Vorzügen, unter anderem die Möglichkeit, einer erzwungenen Verehelichung oder einem tyrannischen Ehemann zu entfliehen. Der Kontakt zur Außenwelt ist recht rege. Gerade dies führt immer wieder zur Kritik an den Nonnen und Mönchen, da diese auch ihre sexuellen Bedürfnisse nicht zu kurz kommen lassen. Das gilt natürlich nicht für alle. Nicht selten wirft man den «geistlichen Leuten», besonders, wenn sie im Ruf der Ketzerei stehen, «widernatürliche» Beziehungen zum eigenen Geschlecht vor. Enge Bindungen bestehen zweifellos unter den Frauen. So heißt es von den «Tertiarierinnen des hl. Franciscus»:

> «Jede Tertiarierin durfte mit Wissen der Meisterin und zweier Schwestern ihr Privateigentum vertestieren. Starb eine unvorhergesehenen Todes und hatte eine ‹liebe Heimliche›, d.h. eine Freundin unter den Schwestern der Sammlung, so war deren Aeußerung über den letzten Willen der Verstorbenen rechtsgültig»[19].

Nonnen unterrichten im späten Mittelalter auch Mädchen und betreiben mit dem Aufblühen der Städte Apotheken.

Die interessanteste Gruppe unter den religiösen Frauen des Mittelalters dürften zweifellos die Beginen sein, die keinem Orden angehören und kein Klosterleben führen. Sie sind Laiinnen. Über die Anfänge dieser Bewegung sind bislang nur Bruchstücke bekannt. So ist der Streit über den Ursprung des Namens «Begine» nicht geklärt, und ich werde diese Frage deshalb hier auch ausklammern. In Köln ist der Begriff «aal begin» als Schimpfwort für eine schlecht angesehene Nonne erhalten geblieben.

Im 12. und 13. Jahrhundert breitet sich in ganz Europa, besonders in Belgien, Holland und Deutschland, eine laienreligiöse Bewegung aus, die zum größten Teil aus Frauen besteht. Es ist eine Art Reformbewegung: Werte wie Bescheidenheit, Solidarität und religiöse Ernsthaftigkeit sollen wieder das christliche und kirchliche Leben bestimmen. Die christlichen Urgemeinschaften werden in Erinnerung gerufen, von denen frau/man meint, daß sie diese Werte vertreten und gelebt haben.

Immer mehr Frauen ziehen in Scharen durch das Land, leben vom Betteln – was keineswegs unehrenhaft ist zu dieser Zeit – und treten als Predigerinnen auf. Viele Frauen versuchen, als eigene Gruppe in oftmals noch ausschließlich männliche Orden aufgenommen zu werden. Der Papst läßt den Bau von Doppelklöstern im 12. Jahrhundert für kurze Zeit zu. Bald leben allein in den Klöstern der Prämonstratenser 10 000 Frauen. Der Kirche wird das offenbar unheimlich, jedenfalls stoppt sie diese Entwicklung wieder. Angeblich sei der Sittenverfall zu groß und die Mönche überfordert durch die geistliche Betreuung der Frauen. In Wirklichkeit geht es wohl darum, daß die kirchliche Obrigkeit nicht in der Lage ist, viele dieser «weiblichen Klöster» nach ihrer Vorstellung zu bestimmen und zu kontrollieren. Doch die geschaffenen Klöster können nicht aufgelöst werden, so kommt es erst einmal nur zu dem Stopp von Neuzulassungen. Viele Nonnen sind absolut kirchentreu; unter den anderen Frauen gibt es starke Strömungen, sich eigenständige religiöse Lebensformen zu schaffen, und es kursieren recht eigenwillige Ansichten über verschiedene theologische Fragen. Viele Frauen bringen bereits eine hohe Bildung mit, haben also keine Schwierigkeiten, die in Latein abgefaßten Schriften zu lesen. Schreiben und Lesen gilt zu diesem Zeitpunkt noch als «pfäffisch und weibisch». Viele der Männer der höheren Stände haben anderes im Kopf; sie sind mit Kreuzzügen, Fehden und ritterlichen Aktivitäten beschäftigt.

Zahlreiche Frauen aus adeligen Familien schließen sich dieser neuen Frauenbewegung an, später kommen aber auch immer mehr aus den unteren Ständen dazu. Für die «Aufbruchsbewegung» spielt eine wichtige Rolle, daß Frauen als Laiinnen in den Gemeinschaften ein recht freies und eigenständiges Leben führen können. Der Machthunger und die Habgier der Kirchenmänner und die Verfilzung von weltlicher und geistlicher Macht stoßen auf scharfe Kritik bei den Frauen. In der sich langsam herausbildenden Beginenbewegung wird gefordert: «Eine jede möge sich durch ihrer eigenen Hände Arbeit ernähren können.»

Solche Ansichten vertreten die Frauen auch in ihren öffentlichen Reden und Schriften. Die Kritik an der Institution Kirche ist unüberhörbar. Nachdem der Papst den Frauen einen weiteren Zugang zu den Orden versperrt hat, fängt die Bewegung an, sich relativ unabhängig von der Kirche zu machen und sich eigenständig zu organisieren. Alles das macht die Beginen im Volk beliebt und bei der Geistlichkeit entsprechend unbeliebt.

Die Kirche und der Papst stecken in einem Dilemma: einerseits wollen sie nicht noch mehr dieser Frauen in die Klöster aufnehmen, andererseits wollen sie die Kontrolle über die Bewegung nicht völlig verlieren. So gibt der Papst 1216 seine Zustimmung, daß die Beginenvereinigungen als religiöse Laienwohngemeinschaften anerkannt werden. Er stellt sie ausdrücklich unter seinen Schutz und erlaubt ihnen, sich ihre Beichtväter und Geistlichen selbst zu wählen. Wie nicht anders zu erwarten, sind die Pfarrgeistlichen der Orte, in denen sich die Beginen ansiedeln, darüber empört. Denn ihnen entgehen nicht nur die allerorts üblichen Abgaben, sondern sie haben auch keinen Einfluß auf die Beginen.

Überall entstehen nun kleinere und größere Beginenkonvente. Es gibt auch kleine Wohngemeinschaften von vier bis fünf Frauen. Einzelne Frauen leben allein, tragen Beginenkleidung und betrachten sich als der Bewegung zugehörig, gehen gleichzeitig aber weiterhin ihrer gewohnten Arbeit (zum Beispiel als Dienstmagd) nach. Die anderen Beginen bauen, kaufen oder mieten jetzt Häuser mit eigenem Geld oder mit Geldern aus Stiftungen. Gerade unter den adeligen Frauen finden sich große Förderinnen der Beginen; zumal in der Anfangszeit, als auch aus ihren Kreisen Frauen in die Konvente eintreten. Später kommen die Beginen meistens aus dem Bürger- und Handwerkerstand; ein Teil stammt aus sehr armen Familien.

Der Zeitgenosse und englische Chronist Matthäus von Paris schreibt 1241 bewundernd über die damalige Bewegung:

«Die Anzahl gewisser Frauen, die das Volk Beginen nennt, mehrt sich, vor allem in Deutschland, bis zu Tausenden und Abertausenden in unglaublicher Weise; sie geloben und beobachten die Keuschheit und fristen von ihrer Hände Arbeit ein Leben der Zurückgezogenheit.»

Für Köln und Umgebung weiß er allein von über 2000 solcher Beginen zu berichten. Aus anderen Dokumenten geht hervor, daß die Beginen zum Teil bis zu sechs Prozent der erwachsenen Stadtbevölkerung ausgemacht haben sollen.

Das Leben der einzelnen Gemeinschaften gestaltet sich sehr unterschiedlich. So gibt es besonders in Belgien und Holland sehr große Anwesen. Sie schließen viele Einzelhäuser ein, oftmals noch einen Bleichplatz, das Back- und Brauhaus oder auch eine Mühle. Wäschewaschen, Bierbrauen und Brotbakken wird auch gegen Geld für Stadtbürger verrichtet. Einige Konvente unterrichten Mädchen oder haben sogar eine eigene Schule auf ihrem Gelände. Andere Einnahmequellen sind beispielsweise Pachtzinsen aus dem Besitz von Grund und Boden oder Häusern. Entweder stammt der Besitz aus dem Vermögen einzelner Beginen oder aus Schenkungen. Spitzenklöppelei – in Holland und Belgien –, Wappenstickerei (kunstvolles Besticken von Gewändern, Tuchen, Wappenmustern aller Art) und Spinnen und Weben gehört zu den Hauptarbeiten der Beginen. Ihr Vermögen ist zum Teil beträchtlich. Einige reiche Konvente verleihen Geld an die Stadträte, so daß sie sich deren Schutz und Unterstützung für einige Zeit relativ sicher sein können. Die gewerbliche Arbeit der Frauen wird aber später zum großen Konfliktpunkt mit den Zünften werden.

Die großen Konvente sind in der Regel von einer Mauer oder in den Niederlanden von einem Wassergraben zusätzlich umschlossen, um Eindringlinge fernzuhalten. Einer der größten und ältesten Beginenhöfe läßt sich heute noch in Kortrijk (Belgien) bewundern (S. 54).

Hier haben bis zu 136 Frauen gelebt. Bis 1981 lebte dort noch die letzte Begine in ganz Europa (S. 56). Für die Zeit von 1200 bis 1600 lassen sich für Köln 169 Konvente nachweisen (siehe Ausschnitt S. 53). In dieser Zahl sind aber nicht die vielen kleinen, nicht registrierten und dokumentierten Gemeinschaften enthalten.

Wie die Beginen ihr Leben organisierten, wissen wir nur aus Dokumenten der größeren Konvente. Deshalb läßt sich auch nur von ihnen eine Beschreibung liefern.

Die Regeln des Zusammenlebens werden von den Beginen meistens selbst festgelegt, in Einzelfällen versuchen die Stifterinnen und Stifter, hierauf Einfluß zu nehmen. Ich habe einige Regeln, die mir als typisch erscheinen, zusammengetragen:

Jede aufgenommene Schwester soll zum Lebensunterhalt Rente oder Vermögen besitzen oder eine Kunst verstehen, um sich die Existenzmittel zu erwerben.

Keine Schwester wird ohne Genehmigung vor der Stunde des Morgengebets das Haus verlassen, und ohne Erlaubnis wird kein Mann vor dieser Zeit das Haus betreten oder dort nach dem Abendgebet weilen.

Entzweiungen zwischen Schwestern des Hauses, die der Vermittlung bedürfen, müssen vor dem Schlafengehen geschlichtet sein.

Wenn eine Schwester der Fleischessünde zwei oder drei Mal von zwei oder drei Mitschwestern überführt werden kann, soll sie vom Haus ausgeschlossen sein[20].

Die Beginen können jederzeit aus der Gemeinschaft austreten, beispielsweise um zu heiraten. Die Leitung der großen Konvente liegt in der Hand einer von den Frauen auf Zeit gewählten «Meisterin» oder «Mutter». Sie verwaltet das Geld und vertritt die Gemeinschaft nach außen, das heißt gegenüber der Kirche und der weltlichen Obrigkeit. Die Meisterin wohnt in der Regel in einem besonderen Haus. Darin finden die wöchentlichen und monatlichen Versammlungen statt, auf denen Streitigkeiten geschlichtet, Strafen bei Verstößen gegen die Hausregeln verhängt, religiöse Fragen erörtert und Beschlüsse gefaßt werden, wenn Belange gegenüber der Stadt zu vertreten sind.

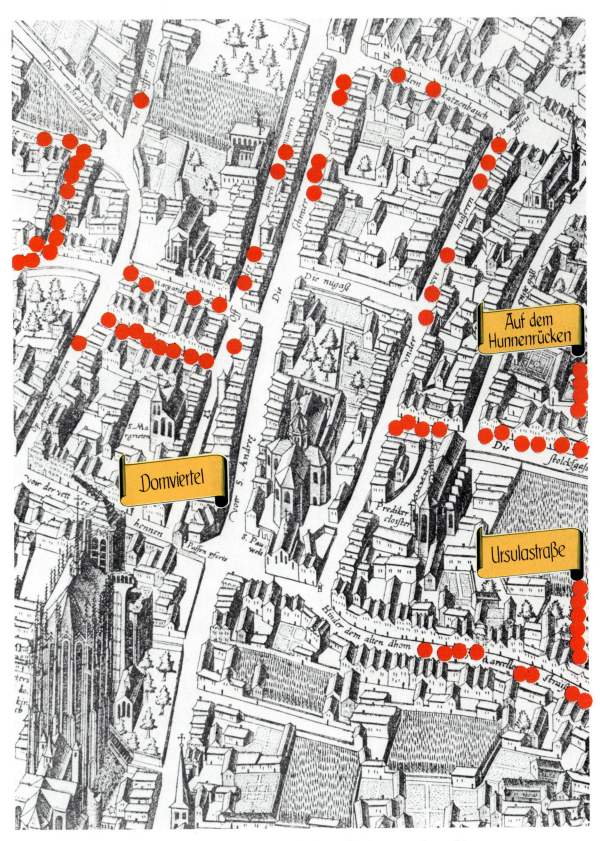

54 Ausschnitt aus einem Kölner Stadtplan des 16. Jh. Die roten Punkte markieren Beginenkonvente, die über 4 Jh. in Köln existierten

55/56/57 Beginenhof in Kortrijk. Erbaut 1280. Einer der größten Höfe überhaupt, bis zu 137 Frauen haben hier gelebt

58 Alte Arbeitsinstrumente, Vorrichtung zum Flachsbrechen und ein alter Webstuhl (Kortrijk).
Weben und Flachsverarbeitung gehörte zur gewerblichen Beginenarbeit

59 Beginenhof in Brügge. Erbaut 1242. Das Bild zeigt einen der gemeinsamen Arbeitsräume und ein Spinnrad.
Auch Spinnen gehörte zur gewerblichen Arbeit der Beginen

60 Diese Aufnahme zeigt die im Jahre 1981 noch letzte lebende
Begine in Europa im Beginenhof Kortrijk

In den kleinen Häusern leben drei oder vier Beginen zusammen. Sie verfügen über einen gemeinsamen Bet- und Arbeitsraum sowie über eine Kochstelle. Die Schlafräume sind getrennt. Der Haushalt wird reihum geführt. Nur die reicheren Beginen, die in späterer Zeit häufig allein in einem der Konventhäuser wohnen dürfen, lassen sich die Hausarbeit von ärmeren Mitschwestern verrichten, die sich dadurch wiederum ihren Lebensunterhalt sichern.

Die rasche Ausdehnung der Beginenbewegung bringt eine immer größere Verbreitung ihrer Ideen mit sich. So hält dann auch die mehr oder weniger wohlwollende Anerkennung der Bewegung durch den Papst nicht lange an. Schon im Jahre 1259 wird auf einem Provinzialkonzil das auffällige und halsstarrige Wesen der Beginen kritisiert und ihr Auftreten als Predigerinnen scharf verurteilt. Doch erst 50 Jahre später wird ihnen die Verbreitung von Irrlehren vorgeworfen, wodurch sie in den Ruf geraten, eine Ketzerinnenbewegung zu bilden, denn die Zeiten haben sich gründlich gewandelt. Die neuen Beginen streben nicht mehr wie ihre Vorläuferinnen nach Eingliederung in die Orden. Sie leben nach ihren eigenen Regeln und sagen sich von jeder in der Kirche anerkannten Ordensregel los. Ebenso weisen sie alle Versuche, sie auf einzelne Ordensregeln zu *verpflichten*, entschieden zurück. Ein Franziskanermönch spottet in einer Erzählung über selbstgefällige Beginen, die soweit gegangen sein sollen zu fordern, sich gegenseitig die Beichte abnehmen zu dürfen. Ihre entsprechende Bitte an den Papst sei selbstverständlich abgelehnt worden.

Ob diese Geschichte wahr ist, läßt sich nicht überprüfen; sie ist aber keineswegs unwahrscheinlich angesichts der Autonomiebestrebungen der Beginen. Sie erheben sogar den Anspruch, sich an den Erörterungen theologischer Fragen zu beteiligen. Für den Papst und die Mehrheit der Bischöfe (nur einige von ihnen gelten als Förderer der Beginen) ist das eine respektlose Anmaßung. Das größte Ärgernis besteht für sie darin, daß die Beginen ihre umfangreichen Schriften, die sie in Umlauf bringen, meist in der Volkssprache abfassen. So werden breite Gruppen der Bevölkerung angesprochen, die die «offiziellen», meist in Latein abgefaßten theologischen Schriften nicht lesen können und auch gar nicht lesen sollen. Ebenso lehnen die Beginen starre kirchliche Regeln ab und vertreten die Ansicht, es sei wichtiger, daß jede Frau und jeder Mann ein ganz individuelles Verhältnis zu Gott, Jesus Christus und der Mutter Gottes entwickle. Als Teile der Beginenbewegung anfangen, auch die Gnadenvermittlung durch die Kirche in Frage zu stellen, werden sie endgültig zu Ketzerinnen gestempelt: Denn wer die Geistlichkeit, die Kirche als Vermittlerin zwischen Mensch und Gott ablehnt, begeht nach kirchlichem Dogma schweren Frevel. Diese «antiautoritäre» Haltung der Beginen führt endgültig zur Verurteilung verschiedener ihrer Ansichten als Irrlehren. Papst Clemens V. entzieht den Beginen 1311 auf dem Konzil von Vienne die Anerkennung als laienreligiöser Stand. Unter anderem wirft er den Frauen vor zu behaupten, «einfache Hurerei sei keine Sünde»[21].

Die Verurteilung der Beginen bleibt zunächst ohne große Wirkung. Die Gemeinschaften existieren in alter Weise weiter. Allerdings zahlen die Frauen einen hohen Preis. Der Papst setzt überall Inquisitoren gegen die Beginen ein. Es sind die Dominikaner, die sich als Inquisitoren einen zweifelhaften Namen machen. Sie werden es auch einige Zeit später sein, die die Verfolgung und Ermordung von Frauen als Hexen initiieren und durchführen. Wie viele Frauen der Beginenbewegung vom 14. bis zum 15. Jahrhundert bei der Verfolgung als Ketzerinnen den Tod fanden, wissen wir nicht. Unsere Geschichtsbücher geben uns keine Auskunft über diese Ereignisse.

Erst mehr als hundert Jahre später gebietet Papst Eugen IV. dem Treiben der Inquisitoren Einhalt und sagt zumindest den «rechtgläubigen» Beginen seinen Schutz zu. Danach ist kaum noch etwas von Verfolgungen zu hören. Die Zahl der Konvente und der Beginen ist zwar erheblich zurückgegangen, aber die Bewegung ist noch lange nicht zerschlagen.

In vielen Städten stellen die Beginen schon seit Mitte des 14. Jahrhunderts einen nicht unbedeutenden ökonomischen Faktor dar. Ihre wirtschaftlichen Aktivitäten entfalten sie trotz der Verfolgungen. Nun, im 15. Jahrhundert, haben die Beginen zwar einigermaßen Ruhe vor den Inquisitoren, doch langsam fangen die Zünfte an, sich zu regen. Die wirtschaftliche Konkurrenz spitzt sich zu, erste Krisenerscheinungen zeichnen sich ab. Die Beginen werden sehr früh Zielscheibe dieser Kämpfe. Ein Teil dieser Auseinandersetzungen sind in Zunfturkunden und alten Stadtbüchern sowie Unterlagen aus einzelnen Konventen dokumentiert. Die folgende Geschichte basiert auf solchen überlieferten

Quellen, vor allem aus der Stadt Köln, ist aber trotz allem eine fiktive Geschichte.

DIE BEGINEN VOM MARIENKONVENT

Wir schreiben das Jahr 1421. 50 Beginen leben im Marienkonvent. Vor 20 Jahren haben die Inquisitoren zehn Frauen wegen öffentlich geführter, angeblich ketzerischer Reden und wegen heimlicher Zusammenarbeit mit der Ketzersekte vom «freien Geist» angeklagt und auf dem Scheiterhaufen verbrennen lassen. Daraufhin protestierten die Bürgerinnen und Bürger der Stadt so heftig, daß man den Marienkonvent fortan in Ruhe ließ. Die Beginen besitzen immer noch ein hohes Ansehen, daran hat sich auch im Jahre 1421 wenig geändert; zumal die Beginen dem Rat der Stadt in der Vergangenheit öfter Geld geliehen haben und man somit um ihre Gunst bemüht ist. Unter den Frauen, die im Konvent leben, sind viele Witwen und junge alleinstehende Frauen; es finden sich leibliche Schwestern, und auch einige Mütter mit ihren Töchtern haben sich für ein Leben in der Beginengemeinschaft entschieden. Einige der Bewohnerinnen des Marienkonvents haben keinen Beginenstatus, leben aber im Konvent und müssen sich an die Hausordnung halten. In der Regel gehen sie einer Arbeit in der Stadt nach.

Die meisten Beginen sind mit der Tuchweberei beschäftigt. Andere üben das Handwerk der Wappenstickerei aus. Die Mehrzahl solcher Aufträge erhalten die Frauen von der Kirche, die einen großen Bedarf an bestickten Gewändern hat. Auch Aufträge zum Seidenspinnen gegen Lohn nimmt der Konvent an. Zusätzliche Einnahmen kommen aus der Verpachtung von zwei Stück Land und drei Häusern. Die Beginen backen Brot und brauen Bier, nicht nur für den eigenen Bedarf, sondern auch gegen Geld für andere Stadtbürger(innen).

Tagsüber arbeiten die Beginen oder «Jungfrauen», wie sie von den Leuten auch genannt werden, in kleinen Gruppen zusammen. Nur zu den Gebetszeiten dreimal am Tag und zu den Essenszeiten wird die Arbeit unterbrochen, dann muß im Haus Ruhe herrschen.

Heute findet die wöchentliche Versammlung im Marienkonvent statt. Mutter Greda teilt den Frauen mit, daß ihr der Kaufmann Wuppervurde, der die fertigen Tuche abgeholt hat, erneut von dem Unmut einiger Leineweberinnen und Leineweber erzählt hat. Diese sind der Meinung, daß die Beginen zu viele Webstühle unterhalten. Anderen würde auch vorgeschrieben, wie viele Webstühle und Mägde und Knechte sie bei sich haben dürften, argumentieren sie, nur die Jungfrauen aus dem Konvent richten sich nicht danach. Die Beginen beschließen, die Meisterin solle einen Brief an das Amt, also den Vorstand der Sartuch- und Leineweberzunft, schreiben und diesen ersuchen, ihnen ihre Rechte noch einmal ausdrücklich zu bescheinigen. Einige Wochen später erhalten sie in einem Antwortbrief eine Urkunde des Sartuch- und Leineneamtes:

«Hiermit bestätigen und bescheinigen wir den Jungfrauen aus dem Marienkonvent und ihrer lieben Mutter, daß sie mit Genehmigung des Amtes seit geraumer Zeit Webstühle betreiben dürfen, dies sowohl für sie selbst, für Lohn und im eigenen Verkauf. Wegen der Unsicherheit, die sie uns vorgebracht haben, legen wir die Zahl der Stühle ausdrücklich auf sechs fest. Auf diesen dürfen sie nur Leinen, nicht aber Sartuch weben. Die Übertretung wird mit zehn Gulden an das Amt und Verlust der Webstühle bestraft. Niemand außerhalb des Konvents darf ihnen arbeiten helfen. Auch dürfen sie niemand sonst zu wirken geben. Eine Jungfrau, die aus dem Konvent austritt, darf nur dann weiterwirken, wenn sie ihre Lehrjahre nach Gewohnheit bei einem Meister des Amtes ausdient. Alles Werk soll durch das Amt besichtigt werden. Hingegen sollen die Jungfrauen von allem weiteren Dienste und Beschwernis an das Amt frei sein.»

Die Beginen freuen sich und hoffen, daß die Unstimmigkeiten nun ein Ende haben, zumal gar nicht einzusehen ist, wieso sie weniger als andere das Recht auf ein Handwerk haben sollen, leisten sie doch gute Arbeit.

Einige Monate später jedoch kommen wieder Beschwerden von einzelnen Frauen und Männern der Zunft. Einige haben vorgeschlagen, den Beginen die Webstühle wegzunehmen. Als der Meisterin dies zu Ohren kommt, beschwert sie sich beim Zunftvorstand, der zusichert, den Besitz der sechs zugestandenen Webstühle zu schützen. In den folgenden zwölf Jahren hören die Streitigkeiten und Beschwerden zwar nicht auf, doch die Beginen arbeiten unbehelligt weiter. Sie schaffen sich fünf weitere Webstühle für bestimmte Garne an, die nicht der Genehmigung der Zunft unterliegen. Der Marienkonvent verfügt mittlerweile über ein beträchtliches Vermögen.

Mutter Greda schlägt den Mitschwestern vor, ein weiteres Haus zu kaufen, um neue Frauen aufzunehmen. Als die Leineweberinnen und Leineweber dies erfahren, halten sie den Zeitpunkt für gekommen, erneut gegen die Arbeit der Beginen vorzugehen. Dieses Mal sind sich alle einig in der Zunft; der Vorstand beschwert sich nunmehr beim Rat der Stadt über die Zahl der Webstühle im Konvent und über die Garne, die verwendet werden.

1434 beschließt der Rat, daß die Beginen zwar ihre Webstühle behalten, aber nur noch bestimmte Tuche weben dürfen. Baumwolle dürfen sie nicht mehr verwenden. Sie dürfen Leinentuch, Meßgewänder, Nonnenschleier und alles, was man von seidenem und «ungesoidenem» Garn machen kann, weben.

Die Beginen sind empört über diese Entscheidung. Sie beschließen, heimlich weiterzuarbeiten. An Aufträgen fehlt es nicht. Sie halten sich weiter an den alten Brief der Zunft, in dem ihnen sechs Stühle zugestanden und keinerlei weitere Beschränkungen auferlegt worden waren. Denn sie halten ihr Tun für rechtens und ganz auf den Wegen Gottes. Nachdem Mitglieder des Zunftvorstands in den Rat der Stadt aufgenommen worden sind, gelingt es ihnen, eine Entscheidung herbeizuführen, die den Beginen nur noch das Weben gegen Lohn und für den eigenen Bedarf gestattet. Sie dürfen also keine eigenen Geschäfte mehr tätigen und nur noch gegen Lohn für andere Zunftbetriebe arbeiten.

Wieder sind die Beginen empört. In ihrer wöchentlichen Versammlung kommen sie überein, daß sie sich auch an dieses Verbot nicht halten werden. Im selben Jahr stirbt Mutter Greda. Der Rat drängt den geistlichen Betreuer, Vater Johannes, Elisabeth zum Walde, die aus der Stifterfamilie des Konvents stammt, als Meisterin einzusetzen. Doch die Mitschwestern wehren sich dagegen und wählen Getza zum Bornstab zu ihrer neuen Meisterin. Sie ist eine Frau, die sich gegen die Stadtväter stellt und der Meinung ist, daß der wirtschaftliche Stand der alleinstehenden Frauen geschützt werden muß.

Die Verbote gehen weiter. 1470 dürfen die Beginen keine Wappenstickerei mehr betreiben. Die Stadt droht den Frauen, «ihnen jede Huld zu entziehen und jegliche Verantwortung für ihr leibliches Wohl abzulehnen», falls diese Anordnung nicht eingehalten wird.

Da die Beginen immer weniger Möglichkeiten haben, ihren Lebensunterhalt ausreichend zu sichern, durchbrechen sie auch dieses Verbot. Wegen der guten Qualität und der niedrigen Preise schätzt man allgemein die Arbeit der Beginen. Deshalb erhalten sie für ihre heimliche Weiterarbeit genügend Aufträge, besonders von den Geistlichen. Erst nach geraumer Zeit erfahren die Wappenstickerinnen und Wappensticker hiervon. 1482 dringen einige der Wappensticker gewaltsam in den Konvent ein und durchsuchen ihn. Die Ansichten darüber in der Stadt sind geteilt. Die einen meinen, das ginge entschieden zu weit, zumal kein Mann ohne Genehmigung und schon gar nicht abends den Konvent betreten dürfe. Außerdem wäre den Beginen ja gar nichts anderes übrig geblieben, nachdem man sie fast aller Einnahmequellen beraubt habe. Andere in der Stadt finden es richtig, daß gegen diese hochmütigen Personen, die sich seit Jahren den Zünften und dem Rat der Stadt widersetzen, endlich vorgegangen wird. Überhaupt solle man das Beginenwesen einschränken und die Frauen nicht mehr neue Häuser bauen und kaufen oder andere Mitschwestern aufnehmen lassen.

Der Rat der Stadt verbietet zwar das eigenmächtige Vorgehen der Wappensticker, doch er ermahnt die Beginen erneut, nur noch für den eigenen Bedarf zu arbeiten. Mutter Getza, die neue Konventsmeisterin, schlägt in einer Zusammenkunft der Frauen vor, sich eine Weile des Verkaufs von gewebten Tuchen, Schleiern und Stickereien zu enthalten, damit in der Sache Ruhe einkehre. Danach könne man sehen, wie die Arbeit unauffällig wieder aufzunehmen sei.

Ein Jahr später nehmen die Beginen ihre Arbeiten zum Verkauf von Waren wieder auf. Doch jetzt bringen sie ihre Waren nach Brabant in ein Lager, das sie heimlich gemietet haben und verkaufen dort. In regelmäßigen Abständen fahren zwei der Beginen mit den Waren dorthin. Da seit Jahren reger Kontakt zum dortigen Beginenhof besteht, kann niemand in diesen Reisen etwas Ungewöhnliches erblicken. Erst als ein fremder Händler bei einem Trinkgelage Gerüchte erwähnt, die Beginen würden woanders Waren feilbieten, wird 1504 erneut Beschwerde beim Rat eingelegt. Man vermag keine Beweise gegen die Beginen vorzulegen. Auch eine Kommission kann kein Licht in die Angelegenheit bringen. So bleibt es bei einer der vielen Ermahnungen an den Marienkonvent. Verschiedene Zünfte fordern nun, daß wenigstens der Bau von weiteren Häusern zur Vergrößerung der Beginengemeinschaft verboten wird. Doch der Stadtrat hat keine Handhabe, den im Marienkonvent angefangenen neuen Bau zu unterbinden.

1541 bricht im Konvent die Pest aus. Zwanzig Beginen sterben. Als zwanzig Jahre später erneut eine ansteckende Krankheit ausbricht, werden Gerüchte laut. Man spricht von der gerechten Strafe Gottes für die Unbeugsamkeit der Beginen gegenüber Zünften und Stadtvätern. Hätte man nicht die Pest vor ein paar Jahren als Fingerzeig Gottes erkennen müssen? Manche in der Stadt glauben, die Krankheit sei durch einen bösen Zauber gekommen. Der Wappensticker Juus von Grothe, von dem einige vermuten, er habe seit langem allerlei Händel mit dem Teufel, kommt ins Gerede. Er war stets besonders eifrig gegen die Konkurrenz der Beginen vorgegangen. Obwohl die Gerüchte bald wieder verschwinden und nach der Epidemie nur noch wenige Beginen im Konvent leben, läßt der Stadtrat einige Jahre später die Beginenanwesen langsam aussterben: eine Anzahl von Häusern soll geschlossen, die Bewohnerinnen in andere Beginengemeinschaften übergesiedelt und keine neue Bauten mehr errichtet werden.

Wie dem Marienkonvent in dieser Erzählung, so ist es vielen Beginengemeinschaften ergangen. Dort, wo die Inquisitoren nicht den gewünschten Erfolg hatten, wurden die Frauen Opfer der wirtschaftlichen Konkurrenzkämpfe. Die sich in weiten Teilen Deutschlands abzeichnende Wirtschaftskrise des Spätmittelalters machte die Beginenkonvente zum ersten Angriffspunkt der Zünfte. Viele der weiblichen Zunftmitglieder, die sich teilweise an der Bekämpfung der unliebsamen Konkurrenz durch die Beginen beteiligten, ihr zumindest nicht entgegentraten, werden damals kaum geahnt haben, daß diese Frauen nur den Anfang bildeten. Die Frauen in qualifizierten Berufen, insbesondere auch im Handwerk, erfuhren erst einige Jahrzehnte später, daß sie die nächsten seien würden, die den wirtschaftlichen Konkurrenzkämpfen zum Opfer fallen sollten.

Was die Beginenbewegung betrifft, so ist es erstaunlich, wieviel Zähigkeit und Beharrlichkeit sie sowohl im geistig-religiösen wie auch im wirtschaftlichen Bereich an den Tag legten, bevor sie «besiegt» wurden. Geistige und wirtschaftliche Eigenständigkeit muß ihnen sehr viel bedeutet haben, sonst hätten sie sie sicherlich nicht so hartnäckig verteidigt und dafür sehr viel riskiert. Leider wissen wir über den Widerstand der Frauen, die aus den Zünften verdrängt wurden, sehr viel weniger. Was nicht heißt, daß dieser Widerstand nicht stattgefunden hat.

Es sind die Reformatoren des 16. Jahrhunderts, die zum entscheidenden letzten Schlag gegen die Beginenbewegung ausholen und sie auflösen. Nur Belgien macht eine Ausnahme, da hier die Reformation nicht diesen entscheidenden Einfluß gewinnen kann – ganz im Gegensatz wiederum zu Holland. Hier gewinnt die Reformation derart an Einfluß, daß das Zusammenleben alleinstehender katholischer Frauen grundsätzlich verboten wird. Besitzungen werden eingezogen, einige Konvente zerstört oder niedergebrannt. Oder man hängt den Frauen die schützenden Eingangstore ihrer Anwesen aus, wodurch sie quasi vogelfrei werden[22]. In Deutschland verlaufen die Verfolgungen angeblich nicht so gewaltsam, aber die Auflösung der Konvente und die Beschlagnahmung der Güter ist auch hier an der Tagesordnung. Die katholische Kirche verhält sich eher passiv zu den Ereignissen, was angesichts der Glaubenshaltung und der Auseinandersetzungen zwischen Kirche und Beginen in den vorangegangenen Jahrhunderten wenig erstaunt. Einige Beginenkonvente versuchen ihre Existenz durch Umwandlung in Klöster zu sichern, was sie allerdings auch der direkten Kontrolle der katholischen Kirche unterwirft und dem eigentlichen «Beginengedanken» zuwiderläuft. Mit dem 16. Jahrhundert findet die alte Beginenbewegung insgesamt ihr Ende, die Weiterexistenz einzelner Konvente als Klöster oder der Erhalt der Konvente in Belgien ändern daran nichts.

Im 16. Jahrhundert greifen die Ansichten Luthers immer weiter um sich. Er ist der Auffassung, daß Frauen ausschließlich zum Hausfrauen- und Mutterdasein geschaffen sind. Alleinstehende Frauen und solche, die mit anderen Frauen geistige und wirtschaftliche Gemeinschaften bilden (wollen), sinken immer mehr im öffentlichen Ansehen. Das gilt auch für die Nonnen. Sie alle sind nun nicht mehr selbstverständlicher Bestandteil des städtischen Alltags. Luther formuliert den neuen Zeitgeist so:

«Es ist der Mehrteil Dirnen in den Klöstern, die frisch und gesund sind, und von Gott geschaffen, daß sie Weiber sind und Kinder tragen sollen»[23].

V

VON LEHRFRAUEN, ÄRZTINNEN UND ANDEREN FRAUEN – UND EINER PÄPSTIN

Im frühen Mittelalter gibt es Kloster-, Dom- und Pfarrschulen. Der Besuch ist anfänglich nur für diejenigen Mädchen und Jungen, Frauen und Männer gestattet, die ein geistliches Leben führen wollen. Sie verlieren mit dem Aufblühen des Städtewesens an Bedeutung. Ihre umfangreiche Wissensvermittlung übernehmen die entstehenden Universitäten. Die jetzt im 13. und 14. Jahrhundert neu gegründeten Schulen sind zum Teil städtische, zum Teil private Einrichtungen. Sie sind unterschieden nach lateinischen und deutschen Schulen, wobei erstere die höhere Bildung vermitteln und nur von Kindern reicher Bürger- und Ratsfamilien besucht werden. In den sogenannten deutschen Schulen wird kein Latein gelehrt, obwohl Latein bis ins 14. Jahrhundert bei der Führung kaufmännischer Bücher und Urkunden noch eine bedeutende Rolle spielt. Vielmehr werden in diesen Schulen in erster Linie die Elementarkenntnisse wie Lesen, Schreiben und Rechnen vermittelt, die mit der Entfaltung von Handwerk und Handel für breite Teile der städtischen Bevölkerung immer wichtiger werden. Mädchen können sowohl in den bereits genannten Klosterschulen (auch wenn sie nicht Nonnen werden wollen) als auch in den höheren und einfachen Schulen ihre Bildung erwerben. Das gleiche gilt für Privatschulen. Vor diesem Hintergrund ist es nicht verwunderlich, daß Frauen den bereits erwähnten Beruf der Schreiberin ausüben.

Lehrerinnen arbeiten an den einfachen städtischen Schulen. An den Lateinschulen unterrichten, soweit bekannt ist, nur Männer, aber Mädchen und Jungen lernen zusammen. Unter den einfachen Schulen gibt es in einigen Städten reine Mädchenschulen, andere werden von Mädchen und Jungen gemeinsam besucht.

Aus Nürnberg ist bekannt, daß Lehrerinnen eine wohl ebenso bedeutende Rolle wie ihre männlichen Kollegen spielen. Es existiert auch eine Notiz in einem Jahrbuch von 1487 – als Kaiser Friedrich III. der Stadt einen Besuch abstattete –, die den gemeinsamen Unterricht von Mädchen und Jungen belegt:

«Da giengen die teutschen schreiber mit irn lerknaben und lermaidlein, auch des gleichen die lerfrawen mit irn maidlein und kneblein auf die vesten zu Nürrnberg in die purk ins keppelein mit irm teutschen gesang und sungen darinnen ...

Und darnach am suntag, da komen pei vier tausent lerkneblein und maidlein nach der predig in den graben unter der vesten, den gab man lekkuchen, fladen, wein und pir»[24].

Neben solchen städtischen Schulen, in denen Jungen und Mädchen gemeinsam von Lehrerinnen und Lehrern unterrichtet wurden (S. 62, Nr. 62), gibt es auch viele Privatschulen, vor allem für Mädchen und häufig von Frauen betrieben. Es gibt also eine ganze Reihe von Frauen, die «auf eigene Rechnung» solche Schulen unterhalten, ohne von der Stadt oder der Kirche dazu beauftragt zu sein. Private Lehrfrauen machen den Männern, zum Teil sogar den lateinischen Schulmeistern, wohl schwere Konkurrenz. So wird in Überlingen eine Lehrfrau verpflichtet, jährlich eine Abgabe an den lateinischen Schulmeister zu zahlen, und zwar für jeden Jungen, der ihre Schule besucht. Offensichtlich besuchen Mädchen in dieser Stadt keine Lateinschule. Die Zahl der Schulmeisterinnen in den einzelnen Städten und ihr zum Teil beträchtliches Einkommen sind aus vielen der mittelalterlichen Steuerlisten und Bücher zu entnehmen. Am Ende des 16. Jahrhunderts aber dürfte es Unterricht in größerem Umfang für Mädchen und Jungen durch Frauen kaum noch gegeben haben. Der relativ «fortschrittlichen» Bildungssituation des Mittelalters folgen nach Geschlechtern getrennte Schulen. Außerdem wird der Kreis derjenigen, die noch Schulen besuchen können, sehr begrenzt – das betrifft vor allem Mädchen. Und schließlich ist ein starker Rückgang des Frauenan-

61 Schulmeisterin und Schulmeister. H. Holbein (Der Jüngere). 1516

62 Illustration zu einer Schrift Luthers an die Ratsherren aller deutschen Städte, daß sie christliche Schulen errichten und erhalten sollen. Anfang des 16. Jh.

63 «Die Mädchenschule». A. de Bosse. Mitte des 17. Jh.

64 Posaunenbläserin. Aus einer Serie «Die musizierenden Frauen».
Vermutlich T. Stimmer 16. Jh.

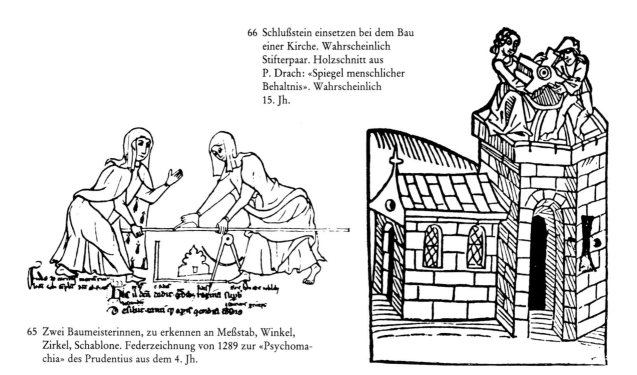

66 Schlußstein einsetzen bei dem Bau einer Kirche. Wahrscheinlich Stifterpaar. Holzschnitt aus P. Drach: «Spiegel menschlicher Behaltnis». Wahrscheinlich 15. Jh.

65 Zwei Baumeisterinnen, zu erkennen an Meßstab, Winkel, Zirkel, Schablone. Federzeichnung von 1289 zur «Psychomachia» des Prudentius aus dem 4. Jh.

67 «Saphos». Holzschnitt aus Boccaccios Buch der berühmten Frauen, um 1370. Ins Deutsche von H. Steinhövel 1473

68 Diese als «Geometrie» bezeichnete Frauenfigur ist mit den für Baumeister(innen) typischen Geräten wie Zirkel und Meßstab ausgestattet. Aus Herrade von Landsperg: «Hortus deliciarum». 12. Jh.

69 Baumeisterin und Bauarbeiterinnen. Federzeichnung aus dem 10. Jh. zur «Psychomachia» des Prudentius aus dem 4. Jh.

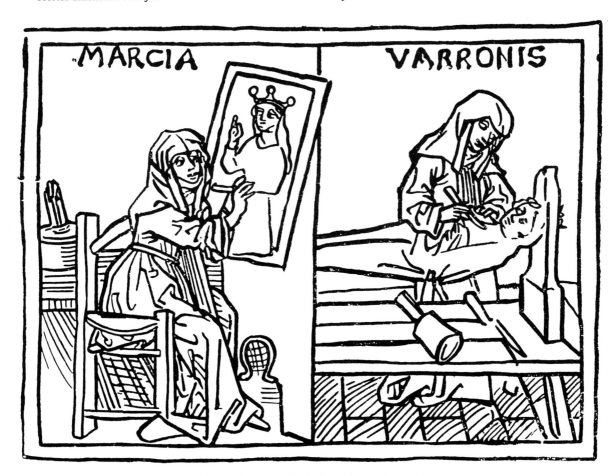

70 Malerin und Bildhauerin. Holzschnitt aus Boccaccios Buch der berühmten Frauen. Ausgabe J. Zainer 1475

71 Christine de Pisan.
  Französische Schriftstellerin
  (1363 bis um 1432)

72 Eine Nonne bei ihren Studien.
  Himmlische Offenbarungen
  der heiligen Brigitte. Holzschnitt. Gedruckt von
  A. Köberger. 16. Jh.

73 Jaia aus Kyzikos (um 100 v. Chr.). Illustration aus der «Naturalis historia» des Plinius, aus einer mittelalterlichen Ausgabe. Jaia war die berühmteste Malerin Roms und gilt als bestbezahlteste und bestbeschäftigte Porträtistin ihrer Zeit. Sie war unverheiratet

74 Die Päpstin Johanna, die als Johannes der VIII. im 9. oder 10. Jh. Berichten und Legenden zufolge gelebt hat und ein Kind gebar. Holzschnitt aus Boccaccios Buch der berühmten Frauen um 1370

75 a–d Alchimistin und Alchimist bei den verschiedenen Arbeitsgängen. Aus J. J. Mangets «Bibliotheca Chemica Curiosa». 1702

76 Apothekerin beim Destillieren. Holzschnitt

77 Kupferstich einer Heilkundigen. In der Aufschrift zu einem ihrer fünf erhaltenen Kupferstiche nennt sie sich selbst: Antonia Elisabetha de Held. Bis Nupta Müllerin in Arte Medica et Chimica clara praesertim curandae Luis venereae expertissima nata Francoforti ad Moenum die ... Febr. MDCCXXIX (1729). Antonia Elisabetha de Held. Zweimal verheiratete Müllerin. In der medizinischen und chemischen Kunst bewandert, insbesondere eine vortreffliche Expertin im Heilen der Geschlechtskrankheiten. Frankfurt am Main den ... Febr. 1729

teils in Lehrberufen zu verzeichnen. Mädchenbildung wird immer stärker als Vorbereitung auf das Hausfrauen- und Mutterdasein verstanden. Das Bild «Die Mädchenschule» aus dem 17. Jahrhundert (S. 62, Nr. 63) dürfte bereits Ausdruck dieses neuen Zeitgeistes sein.

Ärztinnen hat es bis zum 16. Jahrhundert in großer Zahl in Deutschland gegeben. Für Frankfurt errechnete K. Bücher anhand von Badebüchern, daß ein Sechstel der erwähnten Personen des ärztlichen Standes Frauen sind. Auch in anderen Städten werden Ärztinnen in verschiedenen Urkunden immer wieder erwähnt. Die Unterscheidung zwischen Heilkundigen einerseits und Ärztinnen andererseits ist im Mittelalter nicht leicht zu treffen. Erst später wird unterschieden zwischen «Buchmedizinern», die ein Universitätsstudium haben, und der auf alten Heilverfahren und Kenntnissen aufbauenden Arbeit der heilkundigen Frauen. Wie die Ärztinnen im Mittelalter ihr Wissen erwerben, ist nicht exakt nachzuweisen. Einige Ärztinnen sind Autodidakten, andere erwerben ihr Wissen von der Mutter oder dem Vater, die diesen Beruf ausüben. Wieder andere haben nachweislich auch studiert, promoviert und doziert. Dies gilt vor allem für die Frauen der berühmten Hochschule von Salerno. Es wird vermutet – ohne daß es bis heute konkret bewiesen werden kann –, daß auch deutsche Frauen an dieser Hochschule eine Ausbildung erlangt haben.

Die bekannteste italienische Ärztin, die einige entscheidende medizinische Werke verfaßt hat, ist eine Frau namens Trotta, Trota oder Trotula. Sie taucht in der Literatur unter allen drei Namen auf und hat Mitte des 11. Jahrhunderts gelebt. Eines ihrer Bücher handelt von den «Leiden der Frau vor, während und nach der Entbindung».

Die medizinischen und heilkundlichen Lehrbücher der Hildegard von Bingen gehören zu den bekanntesten Lehrbüchern. Einschlägige Werke soll die Italienerin Abella im 14. Jahrhundert verfaßt haben, auch sie zählt zu den «Salernischen Frauen». «Zwei Bücher über die schwarze Galle» und die Schrift «Über die Natur des menschlichen Samens» werden ihr zugeschrieben.

In Deutschland arbeiten die Ärztinnen neben der Gynäkologie auf dem Gebiet der Augenheilkunde (S. 77, Nr. 83), der Chirurgie und natürlich der Allgemeinmedizin. Ärztinnen und Ärzte behandeln in der Regel Patienten aus wohlhabenden Ständen – entsprechend hoch ist ihr Ansehen –, während die Mehrzahl der Bevölkerung von den heilkundigen Frauen und Hebammen versorgt wird. Das gesellschaftlich hohe Ansehen der Ärztinnen ist entsprechend ihres Patientinnen- und Patientenkreises selbstverständlich, ebenso ihr beträchtliches Einkommen. Die große Zahl der Ärztinnen geht am Ende des Mittelalters und mit Beginn des 16. Jahrhunderts stark zurück. Frauen brauchten danach einige Jahrhunderte, um in diesem Beruf wieder Fuß zu fassen.

Neben den Ärztinnen gibt es noch Frauen wie zum Beispiel Elisabetha de Held (S. 68, Nr. 77), die medizinische und chemische Kenntnisse besitzt und auf Geschlechtskrankheiten spezialisiert ist. Solche Frauen werden in den Büchern immer wieder als «Quacksalberinnen» tituliert, haben aber offensichtlich bis ins 18. Jahrhundert eine wichtige Funktion in der Krankenbehandlung ausgeübt. Studieren konnten sie sicherlich nicht.

Auch Apothekerinnen gibt es im Mittelalter, zum Teil sind es Nonnen oder andere in der Heilkunde bewanderte Frauen, die das Herstellen von Salben und Tinkturen verstehen (S. 68, Nr. 76). Was die Alchimie betrifft, so habe ich lange Zeit keine Hinweise darauf gefunden, ob Frauen sich mit dieser «Geheimwissenschaft» überhaupt befaßt haben. Aber da Frauen sich allein schon durch die Apothekerinnenarbeit mit chemischen Prozessen beschäftigten, gibt es eigentlich keinen Grund anzunehmen, daß sie sich nicht auch als Alchimistinnen versucht haben. Daß Frauen auch in der «Geheimwissenschaft» Alchimie gearbeitet haben, beweist die Bildreihe auf Seite 68 (Nr. 75 a–d). Hier sind eine Frau und ein Mann bei verschiedenen Arbeitsgängen zu sehen. Die Alchimie ist im Mittelalter eine Experimentierkunst innerhalb der Chemie. Den meisten Menschen ist sie nur als Versuch bekannt, aus Silber, vor allem aber aus unedlen Metallen, Gold zu gewinnen. Es gibt aber einen philosophischen Hintergrund für die Alchimie: Der Verwandlung verschiedener Metalle in Gold wird immer wieder die Absicht zugrundegelegt, «den Stein des Weisen» zu finden. Damit ist gemeint, daß der Mensch dadurch die höchste Stufe der Vollkommenheit und das eigentliche Wissen über das Leben und den Kosmos erlangt. Daß Alchimistinnen und Alchimisten, sofern sie sich nicht auf die Herstellung von Arzneien beschränken (was auch in ihr Gebiet fällt), von der Kirche der Hexerei bezichtigt werden, ist kaum verwunderlich. Die Bereiche, in denen sich mittelalterliche Frauen betätigen, sind – mit unseren heutigen Augen betrachtet – nicht nur ungewöhnlich, sondern auch sehr zahlreich. Das Bild «Die Posaunenbläserin» (S. 63, Nr. 64) ist nur ein Beleg dafür, daß Frauen beispielsweise auch die angeblich «untypischen» Musikinstrumente spielen. Dabei ist zu betonen, daß die Mehrheit aller dieser Frauen, über die in diesem Kapitel berichtet wird, aus den gehobenen Ständen kommt, somit natürlich nur einen kleinen Teil der weiblichen Bevölkerung ausmacht. Gerade das Bild, auf dem ein Stifterpaar den Schlußstein bei dem Bau einer Kirche einsetzt (S. 64, Nr. 66), macht es deutlich. Trotzdem ist es erstaunlich, daß Frauen eine solche Schlußsteinsetzung, und dann noch bei einem Kirchenbau, überhaupt vornehmen dürfen. Im Mittelalter konnte man sich Frauen offensichtlich sogar noch als Baumeisterinnen vorstellen (S. 64, Nr. 65; S. 65, Nr. 69). Die ursprüngliche Schrift stammt zwar aus dem 4. Jahrhundert, aber in einer Ausgabe von 1289 werden weiterhin die zwei Baumeisterinnen abgebildet. Es gibt andere – negative – Beispiele, daß aus Frauen plötzlich in späteren Buchausgaben einfach Männer «gemacht» werden. Ob Frauen im Mittelalter selber noch als Baumeisterinnen gearbeitet haben, weiß ich nicht. Ich habe nur schriftliche Unterlagen über Bauarbeiterinnen gefunden. Die Zusammenarbeit von Baumeisterin und Bauarbeiterinnen, wie auf der Abbildung S. 65 (Nr. 69) wurde in keinem Buch über mittelalterliche Frauenarbeit genannt.

Man hat sich in der damaligen Zeit offensichtlich auch nicht schwergetan, Schriftstellerinnen, Malerinnen, Bildhauerinnen und andere Künstlerinnen wahrzunehmen und anzuerkennen. Der Italiener Boccaccio verfaßte ein Buch der berühmten Frauen. Darin gedenkt er beispielsweise der berühmtesten griechischen Dichterin: Sappho, die in der zweiten Hälfte des 7. Jahrhunderts vor unserer Zeitrechnung geboren wurde und später auf der Insel Lesbos lebte. Ihre Verse wurden sehr berühmt und sie selbst eine legendäre Gestalt, die im Mittelalter in Deutschland bekannt war, denn Boccaccios Buch ist auch hier erschienen (S. 64, Nr. 67). Am spektakulärsten war neben ihrer unübertroffenen Kunst die Tatsache, daß ihre Liebe ganz eindeutig Frauen galt und einen Teil ihrer Dichtung bestimmte.

In dem gleichen Buch von Boccaccio wird ebenfalls der Malerin «Marcia» und der Bildhauerin «Varronis» gedacht (vermutlich Römerinnen).

Auch die berühmteste römische Malerin «Jaia», die obendrein die bestbezahlte Porträtistin war, wird in einem mittelalterlichen Buch dargestellt (S. 67, Nr. 73).

Zu den mittelalterlichen Berühmtheiten, die weit über die Landesgrenzen hinaus bekannt war, gehört Christine de Pisan (1363 bis 1432). Mit 25 Jahren wurde sie Witwe und mußte sich und ihre Kinder mit ihren literarischen Arbeiten ernähren. Eines ihrer berühmten Werke ist «Stadt der Frauen». Christine de Pisan sehen wir bei ihren Studien (S. 66, Nr. 71) und auf einer Farbabbildung (S. 75, Nr. 81), auf der sie der Königin von Frankreich einen Band mit eigenen Dichtungen überreicht. Einige bezeichnen Christine de Pisan als «Frühfeministin», weil sie sich in ihren Schriften gegen eine allgemeine Herabsetzung des weiblichen Geschlechts – beispielsweise durch den Autor des damals berühmten Buches «Le Roman de la Rose» – wehrte. Sie betonte, daß Männer von Frauen geboren werden und ihnen dafür Achtung schulden. Außerdem würden Frauen im Gegensatz zu Männern keine Städte zerstören, das Volk nicht unterdrücken, kein Land besetzen ... Aussagen einer Schriftstellerin vor fast 600 Jahren.

Da gerade auch Nonnen sich in literarischen Arbeiten einen Namen machten, ist das Bild der «studierenden» Nonne (S. 66, Nr. 72) keine Seltenheit.

Zu den umstrittensten Frauenfiguren des Frühmittelalters gehört die Päpstin Johanna, die – als Mann verkleidet – als Johannes der VIII. im 9. oder 10. Jahrhundert gelebt haben soll. Erst als sie ein Kind, angeblich bei einer Prozession auf offener Straße, gebar, soll der «Schwindel» aufgeflogen sein. In einigen Erzählungen wurde sie daraufhin verbrannt, in anderen Darstellungen kam sie mit lebenslanger Verbannung davon. Es gibt sehr viele Darstellungen dieser Päpstin (S. 67, Nr. 74; S. 76, Nr. 82)[25].

Meiner Meinung nach sprechen mehr Indizien für die tatsächliche Existenz dieser Päpstin als es «Gegenbeweise» gibt. Ungefähr seit dem damaligen Ereignis führt nach ausdrücklicher Anordnung keine päpstliche Prozession mehr durch die Gasse, in der die Päpstin geboren haben soll. Erst durch die Polemik der Protestanten sah sich die katholische Kirche im 16. Jahrhundert genötigt, die Existenz der Päpstin ausdrücklich zu leugnen. Zwei Tatsachen, die eher für die Richtigkeit der Erzählungen sprechen. Im Jahre 1099 wurde das erste Mal bei der Ernennung eines Papstes eine Neuerung eingeführt. Das designierte Kirchenoberhaupt hatte sich vor seiner Amtsübernahme auf einen Stuhl zu setzen, der in der Mitte ein Loch hatte. Ein Spottgedicht beschreibt die Funktion des Sessels:

«Darum wollen wir keinen zum Papst hab'n,
Wir sind es denn gewiß, daß er sei ein Mann,
Wir wollen einen Stuhl lassen machen,
der da dienet zu solchen Sachen,
Da soll sich der neu Papst begreifen la'n,
Wie es um ihn getan,
Daß man da erkenne,
Ob er sei ein Hahn oder eine Henne.»

Die folgende Erzählung von G. Boccaccio, die in seinem Buch der berühmten Frauen enthalten ist (ca. 1370), soll dieses Thema abschließen.

GIOVANNI BOCCACCIO
VON JOHANNA ANGLICA, DER PÄPSTIN

Johannes ist eigentlich der Name eines Mannes, aber es wurde auch eine Frau so genannt. Ein Jungfräulein aus Mainz (wie einige behaupten), Giliberta genannt, lernt im väterlichen Hause von einem jungen Studenten viel von den Anfängen der lateinischen Sprache; und durch das viele Zusammensein entzündet sich bei beiden ein solches Feuer unordentlicher Liebe, daß sie alle jungfräuliche Zucht und Scham vergaß und mit ihm in falschen Kleidern und mit einem falschen Namen aus dem Hause ihres Vaters floh, und im Gewand eines Jünglings den Namen Johannes annahm. Sie wurde bei ihrem Liebhaber in England von manchen für einen Studenten gehalten und sie kümmerte sich fleißig um ihren Liebhaber und das Studium der Künste. Als ihr Gefährte vom Tod dahingerafft worden war, erkannte sie ihre eigene Fähigkeit im Lernen und empfand die Süßigkeit der Künste und wollte mit keinem anderen mehr unziemliche Gemeinsamkeit haben, sondern in steter Übung der Künste in Männerkleidung leben und nicht als Frau erkannt werden. Sie lernt fleißig Tag und Nacht so viel, daß sie in kurzer Zeit in den sieben freien Künsten und in heiliger Schrift über alle Maßen hoch geachtet wurde. Da zog sie von England nach Rom, wo sie etliche Jahre in einer offenen Schule las und in anderen Doktoren viele Jünger hatte. Sie führte außerdem ein gutes, ehrliches, heiliges Leben und wurde von manchen als Mann angesehen und für gut erkannt, so daß sie zu der Zeit, als Leo, der fünfte Papst des Namens, der die Schuld des Fleisches bezahlt hatte (gestorben war), von der hochwürdigen Versammlung aller Kardinäle einmütig zum Papst gewählt wurde und Johannes der achte genannt wurde. Sie war von so trotziger Gesinnung, daß sie sich nicht fürchtete, sich auf den Stuhl des Fischers zu setzen und darauf die heilige Wandlung vorzunehmen und auszuteilen, was doch noch keiner Frau aus christlicher Ordnung vergönnt war. Diese päpstliche Würde behielt sie etliche Jahre und sie erwies sich als Sachwalter Christi. Solange, bis Gott der Herr sich seines Volkes erbarmte, daß eine so hochwürdige Stadt so gehalten wurde, so ein Volk so regiert wurde, so in großer Irreführung von einem Weib betrogen wurde, und er wollte solche Macht nicht länger in ihren Händen lassen. Deshalb wurde sie durch den Rat des Teufels, der ihr schon zuvor solche Dreistigkeit eingegeben hatte, so sehr und inbrünstig zur Unkeuschheit gereizt, daß all ihre Künste, deren sie genug hatte, um das Papsttum zu erwerben, nicht halfen, den Reiz des Feuers zu löschen, solange, bis einer gefunden wurde, der die Inbrünstigkeit zähmte und den Inhaber des heiligen Stuhles Sankt Peters behelligte, bis der Papst geschwängert war. Oh unwürdige Sünde. Oh große Geduld Gottes. Was geschah? Diese Frau, die lange Zeit das Auge der Menschen verdunkeln konnte, vermochte mit allen Künsten nicht, ihre Geburt zu verbergen. Eines Tages, als sie die Messe gehalten hatte, gebar sie auf einem allgemeinen Kirchgang zwischen dem Colosseum und dem alten Saal des Papstes Clemens vor allem Volk ohne Hilfe der Hebamme ein Kind, und sie wurde von dem gewaltigen Herrscher in die äußerste Finsternis geworfen und starb zusammen mit dem Kind auf einer Insel. Und um solche schreckliche Sündhaftigkeit im Gedächtnis zu behalten, ist es so, daß zu den Zeiten des allgemeinen Kreuzgangs des Papstes und alles Volkes, wenn sie zu der Stätte der Geburt kommen, so legen sie die Schuhe ab und nehmen andere Wege und Straßen, um die sündhafte Stätte zu verfluchen und kehren um, woher sie gekommen sind.

VI

DIE VERDRÄNGUNG DER FRAUEN

Das 16. Jahrhundert bringt einschneidende Veränderungen mit sich. Erinnern wir uns noch einmal, wie die Situation der Frauen bis zu dieser «Zeitenwende» aussah: Auf dem Land und in der Stadt ist die Teilhabe der Frauen an den unterschiedlichsten Arbeiten selbstverständlich. Geschlechtsspezifische Arbeitsteilung gibt es, sie hat aber mit unserem heutigen Verständnis davon noch nicht viel zu tun. Wir finden Frauen in Berufen, die heute als Männerdomänen gelten. Es gibt keine Arbeitsteilung, die der Frau ausschließlich den Haushalt zuweist und dem Mann die Erwerbsarbeit. Hausfrauendasein und Mutterschaft sind noch keine ausschließlichen Fraueideale. Die Beginen sind ein gutes Beispiel für eine damals sehr verbreitete andere Lebens- und Arbeitsform.

In den freien Gewerben der Städte unterliegen Frauen keinen Beschränkungen, zuerst arbeitet sogar die größte Zahl von ihnen dort. Mit der Herausbildung und dem Erstarken der Zünfte kommt es immer häufiger zu Verboten. Die Zahl der freien Gewerbe (in denen natürlich auch Männer arbeiten) wird eingeschränkt. Der Zugang zu den zünftigen Handwerken ist Frauen vorerst nicht versperrt. Diejenigen, die allerdings ihr freies Gewerbe aufgeben müssen und die Voraussetzung für die Zulassung zur Zunft nicht besitzen, müssen sich als Tagelöhnerinnen und Hilfsarbeiterinnen verdingen. Das gilt zwar auch für viele Männer, doch der Anteil der Frauen ist höher.

Solange die handwerkliche Produktion und der Handel sich – im 13./14. Jahrhundert – ausdehnen, ist auch die Situation der Frauen im Handwerk befriedigend. Dort, wo sich Zünfte in den einzelnen Jahrzehnten herausbilden, haben Frauen keine größeren Schwierigkeiten. Ihre Arbeit wird eher als Selbstverständlichkeit angesehen. Entsprechend der erhöhten Nachfrage, der Vermögenskonzentration und der Ausweitung des Fernhandels differenzieren sich die handwerkliche Arbeit, die städtischen Dienste und die Handelsbereiche immer stärker aus. Frauen nehmen regen Anteil an dieser Entwicklung.

Erst ab dem Ende des 15. Jahrhunderts kommt es in größeren Teilen Deutschlands zu einer schweren Wirtschaftskrise. Die meisten Märkte für den Absatz der Waren sind erschlossen. Dazu kommen die Folgen einschneidender Veränderungen der Absatzwege im Fernhandel. Die Entdeckung Amerikas 1492 und die Auffindung des Seeweges nach Indien bringen eine Verschiebung der außerdeutschen Absatzmärkte mit sich. Schon die Eroberung Konstantinopels durch die Türken 1453 führt zu einer Verteuerung und Erschwerung des Orienthandels, da die Türken hohe Zölle verlangen. Die später erschlossenen neuen Seewege in den Orient verlegen vorerst den Schwerpunkt dieses Fernhandels nach Portugal. Das bedeutet für Deutschland ebenfalls hohe Kosten. Zur Sättigung der Märkte und der Stagnation im Fernhandel kommt noch ein weiteres Problem: Die Entfaltung und Blüte des ländlichen Verlagswesens macht dem städtischen Handwerk schwer zu schaffen. Eine verschärfte Konkurrenzsituation bringt besonders die Zünfte dazu, sich immer weiter nach außen abzuschließen. Außerdem setzen sie ein Netz von Handelsbeschränkungen durch, was zu Absatzstockungen und entsprechender Stagnation der Produktion führt.

Im 16. Jahrhundert steigen die Getreidepreise im Vergleich zum Einkommen der Handwerker(innen) ganz erheblich. Das bedeutet allerdings nicht, daß es umgekehrt der bäuerlichen Bevölkerung gut geht. Die Feudalherren erhöhen nämlich ihre Forderungen nach Geldabgaben entsprechend. So ist davon auszugehen, daß sowohl im städtischen wie im ländlichen Bereich im 16. Jahrhundert die Lebenssituation der einfachen Menschen ziemlich schlecht ist. Aber auch das bessergestellte zünftige Handwerk in der Stadt bekommt die Folgen der Krise zu spüren. Die Frauen und Männer in den kleinen

 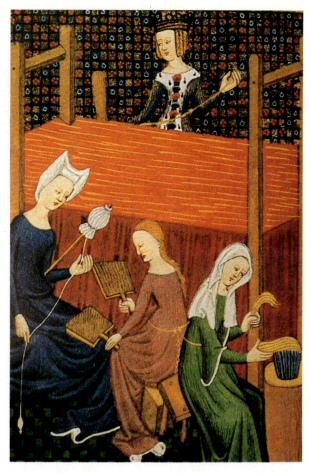

78 Frauen beim Einsammeln der Seidenraupen vom Maulbeerbaum und Vorbereitung der von den Kokons abgewickelten Seidenfäden zum Spinnen. Miniatur. Vermutlich 14. Jh. Abgedruckt in Boccaccios Buch der berühmten Frauen. 15. Jh.

79 Frauen bei verschiedenen Arbeitsgängen zur Herstellung von Leinen: Flachs bündeln, raufen, kämmen, spinnen und im Hintergrund Verarbeitung des Leinengarns auf einem Handwebstuhl. Miniatur. Vermutlich 14. Jh.

80 Illustration zum Stichwort «Rebhühner» aus dem «Tacuinum Sanitatis». Handbuch der Gesundheit. Wiener Fassung. Ende des 14. Jh.

81 Die Schriftstellerin Christine de Pisan überreicht Isabella von Bayern, Königin von Frankreich, einen Band mit eigenen Dichtungen. Miniatur 14. Jh. aus den Werken der Ch. de Pisan

82 Niederkunft der Päpstin Johanna. Miniatur aus dem 15. Jh. in der französischen Übersetzung der Handschrift von Boccaccio: «De casibus virorum illustrium». (Über den Niedergang berühmter Männer)

83 Augenärztin. Miniatur aus einer im 14. Jh. verfaßten Übersetzung einer arabischen medizinischen Enzyklopädie des 9. Jh.

84 Frau beim Erzwaschen in einem Bergwerk. K. Hora. 15. Jh.

85 Schäferinnen und Schäfer. Wandteppich aus dem 16. Jh.

86 Schreiberin (rechts im Bild) des Minnesängers Reimar von Zweter.
Manessische Liederhandschrift. Um 1300

87 Frau beim Hanfschlagen, vor ihr der Minnesänger Rost Kirchherr zu Sarnen.
Manessische Liederhandschrift. Um 1300

Betrieben geraten zuerst in Schwierigkeiten; sie müssen ihre Betriebe schließen und bei den reichen Zunftmitgliedern Lohnarbeiter(innen) werden, ihre Werkstätten sinken zu Zulieferbetrieben der größeren Werkstätten herab. Da mit Ausnahme der reichen Kölner Frauenzünfte kleinere Handwerksbetriebe öfter von Frauen als von Männern geführt werden, sind sie auch hier als erste und am stärksten betroffen.

Innerhalb der Zünfte werden immer mehr Bestimmungen erlassen, die die Zulassung und Beschäftigung von Frauen erschweren und später ganz verbieten. Zuerst wird das Witwenrecht drastisch eingeschränkt. Nur noch für kurze Zeit dürfen die Frauen das Geschäft ihres Mannes weiterführen. Teilweise wird ihnen die Beschäftigung von Gesellinnen und Gesellen verboten, wodurch sie in der Regel zur Geschäftsaufgabe gezwungen werden. Lehrlinge auszubilden, ist den Witwen schon sehr früh untersagt. In einigen Zünften erläßt man sogar eine Bestimmung, daß eine Witwe die Geschäfte nur ein Jahr weiterführen darf, es sei denn, sie heiratet einen Gesellen der Zunft. Ebenso gibt es genau gegenteilige Bestimmungen: Heiratet die Witwe, muß sie das Geschäft aufgeben.

Im Schneiderhandwerk wird Frauenarbeit schon am Ende des 15. Jahrhunderts eingeschränkt. So dürfen Meisterinnen nicht mehr alle Tuche verarbeiten. Nur noch die männlichen Zunftmitglieder können Kleidungsstücke aus wertvollen Stoffen wie Seide oder englischem Tuch herstellen. Später dürfen Frauen überhaupt keine neuen Kleidungsstücke mehr machen, sie werden also auf die Umarbeitung, etwa das Wenden alter Kleidung, beschränkt. Dadurch sind die Einnahmen geringer, zumal der gehobenere Kundinnen- und Kundenkreis damit für die Schneiderinnen wegfällt. In anderen Städten werden alleinstehende Frauen gezwungen, allein zu arbeiten. In Bremen gibt es diese Regelung sogar schon 1467. Der Rat faßt aufgrund der Klagen der Schneider den Beschluß:

«... daß keine Frauensperson, die unsere Bürgerin ist, und neues Gewand schneiden oder nähen will, und nicht Frau oder Witwe eines zünftigen Schneiders, keine Mägde oder Knechte setzen solle, die sie nähen lehre oder die ihr nähen helfen; aber was sie mit eigenen Händen nähen und verarbeiten kann, das mag sie thun»[26].

Später gibt es kaum noch Schneiderinnen. Die einschlägigen Tätigkeiten von Frauen werden auf reine Näharbeiten beschränkt, die sie selbständig, also als freies Gewerbe oder als Lohnarbeiterin im Schneiderbetrieb ausführen können. Das Bild «Die Nätherinnen» aus dem 17. Jahrhundert (S. 40, Nr. 40) und «Die Nederin und der Schneyder» (S. 99, Nr. 103) aus der Mitte des 16. Jahrhunderts spiegeln diese Veränderung schon wider.

Eine solche Einschränkung auf bestimmte Arbeiten und das Verbot der Beschäftigung von Gesellinnen und Gesellen und der Ausbildung von Lehrlingen, bringen Frauen in den Zünften immer mehr ins Hintertreffen; sie sind nicht mehr konkurrenzfähig. Meister und Gesellen ziehen hier an einem Strang. Die Gesellen erhoffen sich dadurch eine leichtere Zulassung zur Meisterschaft, an die immer höhere Anforderungen gestellt werden. Die Konkurrenz ist groß. Außerdem sind auch Arbeitsplätze für Gesellen und Lehrstellen knapp geworden. So rebellieren die Gesellen ebenfalls gegen Arbeit von Gesellinnen und die Zulassung von Mädchen zur Lehre. Erst zu diesem Zeitpunkt wird in vielen Zünften die «Wanderschaft» eingeführt. In vielen Städten kommt es zu Beschwerden über die Frauenarbeit in den Zünften; nicht wenige der Gesellenstreiks sind mit solchen Verbotsforderungen gekoppelt. Zuerst greifen wohl einige Stadträte noch schlichtend oder zugunsten von Frauen in die Konflikte ein. Es ist ein gewisses Wohlwollen oder in einigen Fällen ein gewisses Eigeninteresse, wenn Frauen und Töchter von Ratsherren «noch» einen Zunftbetrieb unterhalten dürfen. Der entscheidende Punkt ist aber, daß sowohl die politische Vertretung der Zünfte (selbst in den reinen Frauenzünften) wie die politische Macht der Räte ausschließlich in den Händen der Männer liegen. So ist es ihnen möglich, Anordnungen und Gesetze zu erlassen, die Frauen immer weiter aus den Handwerken ausschließen. Ihr wirtschaftliches Ansehen, zum Teil ihr hohes Einkommen nützen den Frauen in dieser entscheidenden Situation nichts. Was ihnen fehlt, sind politische Rechte und eine entsprechende Interessenvertretung. Mit der Fürsprache einiger Stadträte zugunsten der Frauen ist es am Ende des 16. Jahrhunderts vorbei. Zu diesem Zeitpunkt werden selbständige Meisterinnen in fast keinem Handwerk mehr erwähnt. Was die Gesellinnen (die auch «Mägde» genannt werden) betrifft, so sind auch sie am Ende des 17. Jahrhunderts vollständig aus den Betrieben verschwunden. F. W. Stahl bringt einige Beispiele, in welchen Handwerken unter Androhung von Strafen solche Verbote ausgesprochen worden sind:

«Die Schuhmacher und Gürtler sollten keine Magd in den Kram stellen, um ihre Waare zu verkaufen, der Schuhmacher seine Mägde nur zum Besetzen der Schuhe mit Band benutzen ... In Nürnberg war den Rothschmieden (1694) gesagt: ‹kein Rothschmied soll keine Magd zum Handwerk oder zum Formen benutzen, noch über den Feilstock setzen, noch die Arbeit tun lassen, die dem Gesellen gebührt.› Der Buchbinder in derselben Stadt, welcher der Magd zu heften oder andere Gesellenarbeit gab, sollte mit viertägiger Leibesstrafe angesehen, der Geselle, der neben ihr arbeitet, zwei Tage und Nächte mit dem Leibe auszustehen haben ... So lautet die Rathsverordnung; die Gesellen fügten ihrerseits eine Strafe in ihrer Weise hinzu; sie erklärten jeden Gesellen, welcher neben einer Magd arbeitete, für unredlich und kein Geselle durfte nun neben ihm arbeiten»[27].

Das ist wahre Männersolidarität, und damit keiner ausschert, wird mit Entzug der männlichen Ehre und Zusammenarbeit gedroht. Auch die Handwerksfrauen und -töchter werden zunehmend von der Teilnahme an der handwerklichen Arbeit ausgeschlossen.

«Ordentlicher Weise, darf keine Weibsperson ein Handwerk treiben, ob sie es gleich ebenso gut als eine Mannsperson verstünde»[28]. Für Autoren des 17. Jahrhunderts war das schon eine feststehende Wahrheit. Einem dieser Herren haben Frauen es besonders zu verdanken, daß die Arbeit von Meisterinnen, Gesellinnen und Lehrmädchen im Handwerk so viele Jahrhunderte strikt verleugnet wurde. Adrian Beier hat 1688 die älteste und angeblich vollständigste Darstellung des Handwerksrechtes verfaßt. Obwohl zu seinen Lebzeiten noch nicht alle – und auch nicht in allen Bereichen – Frauen aus den Handwerken verschwunden sind, stellt er die These auf, daß Frauen und Mädchen immer aus dem Handwerk gesetzlich ausgeschlossen waren. Dabei stützt er sich nicht auf seine angeblich vollständigen Quellen, sondern auf rein persönlich-moralische Anschauungen. Mit seinen folgenden Äußerungen hat Beier «Geschichte» gemacht. Denn nach ihm sind diese Argumente immer wieder unüberprüft übernommen worden. Für Beier war klar, daß die erste Voraussetzung für die Aufnahme ins Handwerk war, von männlichem Geschlecht zu sein.

«Das Mädchen sei zum Heurathen bestimmt und könne man nicht wissen, wen sie einmal heurathen werde; eine gelernte Schusterin sei aber dem Schmiede nichts nütze ... man kann nicht allein in der Lehre lernen, sondern müsse auch noch wandern; von einem ungewanderten Gesellen und einer gewanderten Jungfrau halte man aber gleich viel ... mit dem Meisterrecht seien auch öffentliche Dienstleistungen verbunden, als Wachen und Gaffen, wozu Weiber nicht taugen»[29].

Was will frau angesichts der tatsächlich so umfangreichen Arbeit von Meisterinnen, Gesellinnen und Lehrmädchen da noch sagen? Es zeigt sich hier, wie Vorurteile und ein ganz bestimmtes Frauenbild dazu führen, daß ein wichtiges Kapitel in der Geschichte der Frauen unterschlagen wird.

Vielleicht konnten die Farbbilder, die noch einmal ein Licht auf die Vielfältigkeit des mittelalterlichen Frauenlebens werfen, eine kleine Entschädigung für unsere unterschlagene Geschichte bieten.

VII

VON MINNEHÄUSERN, FAHRENDEN FRAUEN UND DEM VERHÄLTNIS DER GESCHLECHTER

Die Frau auf dem Bild Nr. 87 (S. 80) schlägt dem Mann nicht – wie anzunehmen ist – auf den Kopf, sondern sie schlägt Hanf. Bei dem Mann handelt es sich um einen Minnesänger und Chorherren aus Zürich. Chorherren nehmen Anteil an der Regierung der einzelnen Kirchendiözesen und haben das Recht, den Bischof zu wählen. Adelige Herkunft ist selbstredend Voraussetzung für ein solches Amt. Dieses Bild zeigt recht deutlich, daß selbst in adeligen (und kirchlichen) Kreisen die «holde Minne» sich nicht auf die platonische Anbetung der Geliebten beschränkt, sondern recht sexueller Natur ist. Ein Autor schrieb im Jahre 1978 zu diesem Bild in fast mitleidigem Ton, daß es diesem Herrn offensichtlich verwehrt war, in einer Umgebung hochherrschaftlicher Lebensführung dargestellt zu werden. Stattdessen sei sein Auftritt in den niederen Bereich der weiblichen Haushaltstätigkeit verlegt worden. Dieses Werturteil des Autors entspricht dem heutigen, nicht aber dem damaligen Denken. Doch die Minnesänger als Bereich der Dichtung und der Beziehungen zwischen den Geschlechtern des Adelsstandes sollen uns nicht weiter interessieren. Wichtiger ist der alltägliche Umgang der Frauen und Männer des einfachen Volkes oder des Handwerkerstandes und Bürgertums.

Das Mittelalter ist unbestritten von Männern bestimmt und regiert. Sahen wir doch schon bei den Frauen in den Zünften und Handwerken, wie die Tatsache, daß Männer die Zünfte politisch vertraten und im Stadtrat saßen, das Verbot der Frauenarbeit möglich machte. Auch die geringeren Rechte der Frauen lassen keinen Zweifel an der patriarchalen Herrschaft. Doch neben den erstaunlich zahlreichen und vielfältigen Arbeitsfeldern der Frauen verweisen auch solche Frauenbewegungen wie die der Beginen auf den anderen, positiven Teil der mittelalterlichen Geschichte. Der Umgang zwischen Frauen und Männern ist offen und recht derb für unser heutiges Empfinden. Wer sich die Frauen auf den Bildern genauer ansieht, wird feststellen, daß die Frauen den Männern an Größe und Kräftigkeit kaum nachstehen. Das Bild auf Seite 86 (Nr. 88) zeigt einen gerichtlichen Zweikampf zwischen einer Frau und einem Mann. Dieser alte Brauch hat sich bis weit ins Mittelalter erhalten. Ein solcher Kampf wird angeordnet, wenn in der Streitfrage keine Klärung zu erreichen ist. Später spricht man auch von Gottesurteil. Im oberen Teil des Bildes sehen wir rechts den Mann bis zur Hüfte in eine Grube eingelassen, sein «Kolben», wie der Holzknüppel genannt wird, darf nicht länger sein als ihr «Schleier». Die Frau kann einen vier bis fünf Pfund schweren Stein in ihr Tuch wickeln und das Ganze wie eine Art Schleuder benutzen. In der unteren Szene sehen wir, wie er ihr vor die Brust schlägt und sie ihm das Tuch um den Hals schlingt, um ihn zu würgen. Ob der Kampf jeweils erst beim Tod der Frau oder des Mannes entschieden ist, geht aus den Unterlagen nicht hervor. Nun wird sich sicherlich niemand solche Art der Rechtsfindung zurückwünschen. Doch spricht diese Regelung dafür, daß man den Frauen sehr wohl zugetraut und ihnen das Recht eingeräumt hat, sich selbst zu verteidigen.

Auch der Auszug aus dem folgenden Lied des 16. Jahrhunderts spiegelt die «Kampfeslust» der Frau wider:

O Weib, o Weib, das Gott seis geklagt,
Wie sehr bin ich von dir geplagt,
Vor dir hab ich noch spat und fruh
Kein Rast noch Ruh,
Elend bring ich mein Leben zu.

O Mann, o Mann, du gottloser Mann,
So fängst du stets mit mir an,
Du keifst und beißt auf mich all Stund'
Gleich wie ein Hund,
Ich leid es nimmer, sag ich kurz rund.

O Weib, o Weib, du böse Haut,
Dir gleich so bitter wächst kein Kraut,
Das mir kränket das Herze mein,
Bei Bier und Wein
Speist du mir ins Angesicht hinein.

O Mann, o Mann, du böser Hahn,
Du tust mich übel krähen an.
Wenn du heimkommst voll wie ein Schwein,
So muß ich sein
Stets die alte Hure dein.

O Weib, o Weib, du böse Katz,
Ich hab vor dir kein sichern Platz.
Du hast mir mein ganz Angesicht
Übel zugericht,
Das kann ich dir ja schenken nicht.

O Mann, o Mann, du arger Schalk,
Du machst mich gar zum Mardelbalg.
Hast mir verkauft mein beste Kuh,
Das Kalb dazu
Und mir nicht geben zu ein Paar Schuh.

O Weib, o Weib, du wilder Luchs,
Bist listiger als ein Fuchs.
Mein Geld vor dir nicht sicher ist
Zu jeder Frist,
In meinem Beutel und in der Kist.

O Mann, o Mann, du grober Hacht,
Hast du doch nichts zu mir gebracht.
Drum laß mich unverachtet auch,
Du fauler Schlauch,
Viel Leiden ist nicht mein Gebrauch.

O Weib, o Weib, du unnütze Gosch,
Fauler Schlappsack und Lausepusch,
Was soll ich noch mit dir fangen an,
Ich armer Mann
Das letzte Wort muß ich dir lahn.

O Mann, o Mann, ich sag dir eben,
Wenn ich werde noch ein zeitlang leben,
Wollen wir einander noch manchmal uns
Tapfer jagen ums Haus,
Vor dir hab ich gar keinen Graus.

O Weib, o Weib, ich sag fürwahr,
Ich will dich nehmen bei dem Haar
Und mit dir sauber kehren aus,
Die Stuben und auch das Haus
Und dir wohl machen einen Garaus.

O Mann, o Mann, glaub mir ohn Scherz,
Ich habe auch ein frisches Herz,
Ich hätt jetzt gleich ein Lüstelein
Obgleich ich bin klein,
Will ich doch schlagen mit Fäusten drein[30].

Die klare Aussage der Frau, daß Leiden nicht zu ihren Angewohnheiten zählt und sie jederzeit bereit ist, sich mit ihm zu prügeln, ist ganz erstaunlich, wenn wir sie mit der jetzigen Situation vergleichen. Die meisten Frauen sind so erzogen, daß sie – selbst wenn sie könnten – sich nicht trauen, einen Mann zu schlagen, vor allem nicht zurückzuschlagen. «Seine» Frau oder Freundin zu verprügeln, hat sich zum ausschließlichen «Privileg» des Mannes entwickelt.

Die zahlreichen Bilder, die das prügelnde, tyrannische Eheweib zum Motiv haben, spiegeln meiner Meinung nach Ängste vor der realen Macht der Frau wider und sind auch gleichzeitig Beweis für ihr relativ starkes Auftreten gegenüber dem Mann. Je größer jeweils die Eigenständigkeit der Frauen – oder zumindest ihre Bestrebung danach – war, desto mehr häufen sich in den verschiedenen patriarchalen Geschichtsepochen die Karikaturen zu diesem Thema.

Zu diesen «Männerphantasien» zählt auch der alte Glaube, daß Männer nur mit Frauen zusammen sind, weil sie von ihnen mit allen Tricks immer in eine Falle gelockt werden (S. 88, Nr. 93). Einfallsreichtum gehört offensichtlich auch zur Stärke der Frauen, wie sich am Beispiel der Frau auf dem Bild 91 (S. 88) erweist, die sich einen aufdringlichen Mann vom Hals hält.

Mittelalterliche Feste erfreuen sich auch in den unteren Ständen, die nicht viel besitzen, großer Beliebtheit. Was das Essen und die wohl recht unmäßigen Trinkgelage angeht, so stehen die Frauen den Männern in nichts nach. Der Bildausschnitt von dem ländlichen Fest (S. 89, Nr. 94) umfaßt wohl so alle Geschehnisse, die mit solchen Feierlichkeiten verbunden sind. Es wird musiziert, getanzt und geprügelt. Im Vordergrund ein Liebespaar, gleich daneben erbricht sich eine Frau und im Hintergrund erledigt ein Mann ein größeres «Geschäft». Das Erbrechen ist zu dieser Zeit eine beliebte Methode, übrigens auch in den hohen Ständen, im Magen wieder Platz für weitere Völlereien zu schaffen.

Die sexuellen Beziehungen zwischen den Geschlechtern scheinen recht frei und keineswegs an eine Ehe gebunden zu sein. Besonders die vielen Badestuben, die es in den mittelalterlichen Städten gibt, sind Treffpunkte für sexuelle Vergnügungen (S. 90, Nr. 95, 96). Es gibt in der Mehrzahl Badestuben, die von Frauen, Männern und Kindern gleichzeitig besucht werden. Aber auch reine Männer- oder Frauenbäder (S. 91) sind in den meisten Städten zu finden. Nach den meisten Überlieferungen dieser Zeit sind es sowohl die Ehefrauen wie die Ehemänner, die in diesen Badehäusern ihren sexuellen Vergnügungen nachgehen. Die «Lady of Bath» (S. 93, Nr. 100) legt zumindest für die englischen Frauen Zeugnis ihrer Sinnlichkeit ab. Sie gilt als üppig, sinnlich und vergnügungssüchtig und führte, wie der Autor schreibt, fünf Gatten zur Kirchentür.

Die Badestuben dienen natürlich auch zur normalen Körperpflege und Gesundheitserhaltung durch Massagen, bestimmte Kräuterbäder und ähnliches. Nicht umsonst sind die Leiterinnen und Leiter sowie die Bademägde und -knechte ein eigener Berufsstand. Gerade den Bademüttern wird oft unterstellt, sie würden dem Geschäft der Prostitution nachgehen. Mag es auch in Einzelfällen stimmen, so gibt es für die «käufliche Liebe» doch eigene Häuser. Prostituierte bilden einen eigenen Berufsstand im Mittelalter:

Wir sind die gelüstigen Frauen,
die Liebe ist unser Geschäft,
ob Pfaffe, Fürst oder Bauer,
wir machen es allen recht.

Nicht ihr lehrt uns nach Mannesart,
Lust und Freud auf eure Art,
nur wir beherrschen diese Kunst,
das Geheimnis unsrer Zunft.

Und nennt man uns Huren gemein, wohl an,
so schleicht jedes Mannsbild herein,
ob Fürstenkleid, ob Pfaffenrock,
darunter ist stets ein Hurenbock.

Die Liebe preist der Minnesang,
der Damen Gunst gilt als Dank,
doch unsre Liebe ist nicht umsonst,
blanker Heller sind der Preis[31].

Prostitution ist eindeutig ein Kennzeichen der patriarchalen Gesellschaft. Frauen zu bezahlen Objekten der Befriedigung männlicher Sexualität zu machen, hat es bislang nur in von Männern beherrschten Zeitepochen gegeben. Doch das Ansehen und die Lebensbedingungen der Prostituierten sind in den einzelnen Jahrhunderten sehr unterschiedlich. Verachtung, Mitleid, Verfolgung, aber auch eine gewisse Achtung und eine Einbeziehung in das Alltagsleben hat es gegeben. Prostitution als das «älteste Gewerbe der Welt» oder als «natürlichen» Bestandteil jeder möglichen und denkbaren Gesellschaftsform anzusehen, halte ich für vollkommen falsch. Dahinter mögen verborgene Wünsche von Männern stecken und vor allem die Unterstellung, daß Frauen von Natur aus zur Prostitution neigen. So drückt der Autor des folgenden Zitats aus dem Jahre 1917 sicherlich noch die heutige Mehrheitsmeinung (von Männern) aus. Nur der leicht schmalzige Unterton und die Wortwahl mögen sich geändert haben:

«Die Verlorene, die mit der Liebe handelt, ist der stehende Punkt in der Zeiten Wandel. Ob sie im alten Deutschland mit Lumpen behängt am Wegrain des Käufers harrt, im gelbverbrämten Kleid in einer Jammerecke der Kirche, den Orgelton über sich hinwegbrausen hört, nur mit dürftigen Schleiern verhüllt, wie Lukas Cranachs Dirne, ihre Tänze aufführt, in den Tabaigen des achtzehnten Jahrhunderts ihr Brot sucht oder in den prunkvollen Poirétoiletten die Bars und Tanzpaläste zu ihrem Operationsfeld macht, sie ist der gleichen Wurzel entsprossen, nur das Kostüm hat gewechselt. Ihr Stamm grünt ewig»[32].

Das Mittelalter bietet ein buntes, schillerndes und widersprüchliches Bild der Prostitution. Einerseits war es bis zum 14. Jahrhundert möglich, daß ein Ehemann oder Vater seine Frau oder Tochter an ein Frauenhaus verpfänden konnte, um seine Schulden zu bezahlen. Andererseits gelten Frauenhäuser als sogenannte «befriedete Orte», wo jedes Verbrechen doppelt hart bestraft wird. Vergewaltigung und Beleidigung von Prostituierten wird ausdrücklich ebenso geahndet wie bei anderen Frauen. Nachdem die Verpfändung von Frauen an einen Wirt oder eine Wirtin verboten wird, kann jede Prostituierte das Frauenhaus jederzeit wieder verlassen. Selbst wenn sie Schulden hat, kann man sie nicht zum Bleiben zwingen.

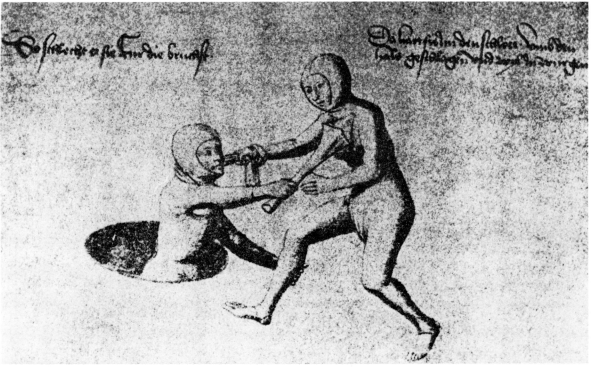

88 a/b Gerichtlicher Zweikampf zwischen Mann und Frau.
Aus Talhoffers Fechtbuch. Bilderhandschrift 1467

Est mala crux, coniunx mala, crux tamen illa secūda est,
Welcher hat ein böses Weib/
Der hat das Fegfewr in dem Leib.

Qua nemo nisi mors te relevare potest.
Er hab Gedult in solcher Pein/
Biß stirbt/es mag nit besser sey.

89 Ehelicher Streit. Titelholzschnitt zu einer Flugschrift aus dem 16. Jh.

90 «Das böse Weib». Holzschnitt von H. Weiditz in Petrarca's Trostspiegel. 1539

91 Eine Frau ‹trickst› einen sexuell zudringlichen Einsiedler aus. «Wie der eynsidel des schultheyssen wyb an irem bett lag / unnd sy in überredt das er von ir off stund / unnd sich in eyn byttenen (Bütte) mit kaltem wasser satzte»

92 «Sie ist der Mann». Deutsche Spielkarte. Ende des 16. Jh.

93 «Die Männerfalle». Anfang des 16. Jh.

94 «Das ländliche Fest» (Ausschnitt). D. Hopfer. Anfang 16. Jh.

95 Zwei Frauen und ein Mann im Badezuber. Ein wütender (Ehe-)Mann kommt mit einer Axt hinzu. Illustration aus J. Stumpf's Schweizer Chronik. 1558

96 Badestube um 1470. Miniatur aus dem «Valerius Maximus»

97 «Frauenbad». H. S. Beham. Anfang des 16. Jh.

98 «Amusement im Freudenhaus». Um 1550

99 «Frauenhaus». N. A. Mair 1499

100 «Lady of Bath» aus Chaucers «Canterbury Tales». Holzschnitt 1484. Diese Frau galt als üppig, sinnlich, vergnügungssüchtig und nimmermüde: «Ein wackres Weib war stets sie für und für, / Fünf Gatten führte sie zur Kirchentür; / Wie sie sich sonst ergötzt in jüngern Tagen, / Davon will ich für jetzt nichts weiter sagen»

101 Kupfertitel aus J. J. Chr. von Grimmelshausen, Trutz «Simplex oder ausführliche und wunderseltsame Lebensbeschreibung der Erzbetrügerin und Landstörzerin Courage». 1670

Die Namensgebung ist vielfältig: man spricht von «Hübscherinnen», «gemeinen» oder «freien» oder «schönen» Frauen, von «Jungfernhöfen», «Häusern der gelüstigen Fräulein», «Freudenhöhlen», «Minnehäusern» oder schlicht von «Frauenhäusern». Diese Frauenhäuser werden von den Stadträten entweder gegen Pachtzins an eine Wirtin oder einen Wirt vermietet, denen dann die Leitung der Häuser obliegt, oder es handelt sich um konzessionierte private Einrichtungen, die eine Abgabe zu zahlen haben. Alle stehen unter obrigkeitlichem Schutz und in vielen Städten ist ein besonderer Richter oder der städtisch bestellte Henker zur Regelung der Streitigkeiten zwischen Wirtin bzw. Wirt und den Prostituierten eingesetzt. Daneben gibt es die «heimlichen Töchterhäuser», die als unliebsame Konkurrenz stark bekämpft werden. Am größten ist die Gruppe der umherziehenden Prostituierten. Ein Teil dieser Frauen gilt als fester Bestandteil der Kriegsheere. (Das heißt nicht, daß alle Frauen, die mit den Heeren umherziehen, Prostituierte sind.) Andere «Hübscherinnen» ziehen von einer Kirchenversammlung oder einem Reichstag zum anderen.

«Bei der Belagerung von Neuß 1474/75 sollen sich im Heere Karls des Kühnen nicht weniger als 4000 Huren befunden haben»[33] und «von Herzog Albas Heer wird berichtet, daß ihm auf seinem Zug gegen die Niederlande 1567 ein eigener Weibertroß folgte, geordnet in Reih und Glied und hinter eigenen Fahnen: 400 Frauen zu Pferd und 800 zu Fuß. Jeder einzelnen war nach Rang ihrer Schönheit und ihres Anstandes die Zahl ihrer Liebhaber bestimmt, und keine durfte bei Strafe diese Schranke überschreiten»[34].

Die Zusammenkünfte des Klerus und der weltlichen Herrscher sowie die damals schon weit verbreiteten Handelsmessen stellen eine beträchtliche Einnahmequelle der Prostituierten dar.

«Zu dem 1394 in Frankfurt gehaltenen Reichstage waren den Fürsten und Herrschern mehr als achthundert Freudenmädchen nachgefolgt. In noch größerer Zahl erschienen dieselben zu Constanz, als dort in den Jahren 1414–1418 die bekannte große Kirchenversammlung, mit welcher zugleich ein Reichstag verbunden war, gehalten wurde. Nach einigen Angaben waren ihrer fünfzehnhundert dort anwesend und von einer derselben wird gemeldet, sie habe sich eine baare Summe von achthundert Goldgulden erworben»[35].

Offiziell wird Prostitution im Mittelalter natürlich als unmoralisch verurteilt, doch man betrachtet sie als notwendigen Bestandteil der Gesellschaft, weil, wie ein Zeitgenosse meint, «sich nicht jeder an den Himmel halten und man ohne sie keine Tochter oder Frau fromm erhalten könne». In einigen – nicht in allen – Städten können die mittelalterlichen Prostituierten auf ganz normalem Weg die Bürgerrechte erwerben. Voraussetzung hierfür ist ein bestimmtes Einkommen oder ein eigenes Grundstück oder Haus. Dies erstaunt deshalb, weil man Prostituierte allgemein zum «unehrenhaften Stand» zählt. Aber auch der Henker gehört zum unehrenhaften Stand und ist dennoch gleichzeitig städtischer Bediensteter. In die gesamte Widersprüchlichkeit des Ansehens der «schönen Frauen» gehört ihre selbstverständliche Teilnahme an öffentlichen Festen und ihr Auftreten als eigener Berufsstand.

«Was die Teilnahme der öffentlichen Dirnen am festlichen Empfang von Kaisern und Königen betrifft, so mußten sie gleich den anderen Einwohnern denselben vor das Stadttor entgegenziehen, weil sie gleich den Zünften und anderen Corporationen als eine besondere Klasse der Stadtbewohner angesehen wurden, und weil es im Mittelalter Sitte war, daß nicht ... ehrbare Jungfrauen dem Herrscher Kränze und Blumen überreichten, sondern jene Dirnen an die Einziehenden Blumensträuße austheilten, welches Letztere auch bei anderen festlichen Gelegenheiten gebräuchlich war. Die Dirnen selbst wurden dafür vom Stadtrath mit Wein und Bier beschenkt»[36].

Regelrechte Zünfte der Prostituierten gibt es nur in wenigen Städten. Bekannt sind sie aus Paris und Genf, und von Leipzig wird ebenfalls gesagt, daß die Frauen sich dort zunftartig organisieren. In solchen Fällen geben sich die Prostituierten eine eigene Satzung und wählen jährlich die Leiterin des Frauenhauses aus ihrer Mitte. Die Schutzpatronin ist die heilige Magdalena, zu deren Ehren einmal im Jahr eine Prozession abgehalten wird. An Sonn- und Feiertagen darf in den Frauenhäusern nicht gearbeitet werden. Eine Wirtin oder ein Wirt darf einer Prostituierten niemals den Kirchgang verwehren.

Den Geistlichen ist in einigen Städten offiziell der Gang ins Frauenhaus verboten. An anderen Orten dürfen sie nur nicht über Nacht dort verweilen. Die enge Verflechtung zwischen Kirche und Prostitution existiert aber noch auf einer anderen Ebene: Die Einnahmen aus den «Minnehäusern» gehen nicht nur an die weltlichen Behörden, sondern auch an Bischöfe und sogar an Päpste.

«In Rom soll die jährliche Einnahme, welche die päpstliche Kammer auf solche Weise bezog, während des 16. Jahrhunderts mitunter 20000 Dukaten betragen haben. Auch der Erzbischof von Mainz bezog jährliche Einkünfte von den gemeinen Dirnen bis gegen die Mitte des 15. Jahrhunderts hin. ... Auch anderwärts erschienen Frauenhäuser als fürstliche, bischöfliche und sogar Reichs=Lehen»[37].

Die folgende Geschichte soll auf der Grundlage vorhandener Dokumente einen Einblick in den Alltag eines mittelalterlichen Frauenhauses geben.

DIE HÜBSCHERINNEN AUS DEM HAUS ZUR JUNGFERNSTIEGE

Wir schreiben das Jahr 1452. Es ist Samstagabend und das Frauenhaus hat geschlossen. Wie jede Woche wird das Geld zwischen der Wirtin, Margareta Lösin, und den zehn Bewohnerinnen aufgeteilt. Margareta hat selbst lange im Haus gearbeitet, bevor sie sich mit vierzig Jahren bei der Stadt um die Leitung bemühte. Da sie als ordentlich, sauber und zuverlässig galt, übertrug man ihr dieses Amt. Margareta ist in ihrer Kindheit weit herumgekommen, denn ihre Mutter war Bärenführerin und zog mit einer Gauklergruppe umher. Wenn sie gut gelaunt ist, erzählt sie aus dieser Zeit; von den tolldreisten Kunststücken, die ihre Mutter dem Bären beibrachte und wie sie die Leute das Fürchten lehrte. Einmal habe selbst der Kaiser Sigismund in Bern auf dem Marktplatz zugeschaut und applaudiert. Da war sie, Margareta, gerade fünf Jahre alt. Doch der Höhepunkt ihres eigenen Lebens kam, als im Jahre 1434 derselbe Kaiser das Frauenhaus in Ulm besuchte. Hier hatte Margareta Arbeit gefunden, denn sie war das Umherziehen mittlerweile leid geworden. «Du hast eben doch das Seßhafte deines Vaters», hatte ihre Mutter nur mißbilligend zu ihrem Entschluß festgestellt. Der Vater war Schmied gewesen und wollte Margaretas Mutter, als diese schwanger wurde, zum Bleiben bewegen. Doch sie liebte das Abenteuer und nicht das Herumhocken in der Stadt. So war Margareta unter den fahrenden Leuten aufgewachsen, bis es sie in die Stadt zog.

Im Ulmer Frauenhaus hatte sie ein gutes Auskommen. Als nun Kaiser Sigismund sich in der Stadt ankündigte, wurden alle Frauen aus dem «Haus im Rosengarten», wie man das Frauenhaus nannte, auf Kosten der Stadt in Samt gekleidet, Essen und Trinken wurde in Hülle und Fülle aufgetischt. Auch die Entlohnung der Frauen übernahm der Stadtrat. Wie Margareta zu erzählen pflegte, war sie die schönste und ansehnlichste der Frauen. So kam ihr die Aufgabe zu, den Kaiser persönlich zu bewirten. Zum Dank hat er ihr einen kostbaren Anhänger mit einem Edelstein geschenkt. Diesen reicht Margareta nach ihrer Erzählung dann auch regelmäßig als Beweis herum. Selbst diejenigen, die ihr die Geschichte nicht glauben, können nicht bestreiten, daß ein so wertvoller Stein nur von einem ganz reichen Herrn von Stand sein konnte.

Doch kehren wir zu jenem Samstagabend im Jahre 1452 zurück. Die Frauen treffen nach und nach in der großen Stube ein. Einige sind noch im Badehaus nebenan. Ein wöchentliches Bad steht, laut Frauenhausordnung, die vor zwei Jahren vom Stadtrat erlassen wurde, jeder Bewohnerin zu.

Die Lohnsetzerin Barbara Pachlerin kommt nun auch endlich. Sie ist von der Stadt als solche bestellt und hat die Ordentlichkeit der Abrechnung zwischen Wirtin und den Frauen zu überwachen. Außerdem verfügt sie über einen der drei Schlüssel zur Lade, in deren oben angebrachten Schlitz unter der Woche die Bareinnahmen der Frauen eingeworfen werden. Die anderen zwei Schlüssel zum Öffnen dieser Kasse haben die Wirtin und eine der Prostituierten. Die Lade wird aufgeschlossen und die Lohnsetzerin zählt das Geld. Dann vergleicht sie die Summe mit den Angaben, die die einzelnen Frauen über ihre Einnahmen während der Woche gemacht haben. Diese wiederum werden mit den Zahlen verglichen, die die Wirtin jeden Tag über die Besucher und die Entlohnung der einzelnen Frauen aufschreibt. Ausnahmsweise stimmt alles zur vollsten Zufriedenheit der Anwesenden. Gerade als die

Pachlerin anfängt, das Geld an die Frauen auszuzahlen und der Wirtin den dritten Teil zu geben, wie es in der Ordnung festgelegt ist, kommt es zu einem Wortgefecht unter den Frauen. Lisa Kolken wird von den anderen beschuldigt, Geld unterschlagen zu haben. Sie bestreitet dies heftig. Die Lohnsetzerin Barbara Pachlerin gebietet Ruhe und fragt Lisa, was es mit den Beschuldigungen auf sich habe. Diese erzählt, daß sie von dem Schultheiß ein Goldstück als Geschenk erhalten habe. Der Lohn, das könne die Margarete Lösin ja bestätigen, wurde extra gezahlt. Außerdem sei das Goldstück durchbohrt und an einer Halskette aufgezogen, woran man allein schon sehen könne, daß es ein Geschenk und kein Bargeld sei. Die Pachlerin kann nicht bestreiten, daß die Frauenhausordnung ausdrücklich Geschenke von den abzurechnenden Einnahmen ausnimmt. «Da könnte ja jede von uns sich die Geldstücke mit einer Kette um den Hals hängen», empört sich eine der Frauen. Lisa droht, sich ihr Recht beim zuständigen Frauenhausrichter zu holen. Soweit will aber keine gehen. Lisa kann ihr Goldstück behalten.

Nachdem das Geld abgerechnet ist, sammelt die Lohnsetzerin noch den Beitrag für die Kasse zur Versorgung der kranken und alten Dirnen ein. Die Wirtin hat den gleichen Anteil zu zahlen wie die Frauen. Bevor Barbara Pachlerin das Haus verläßt, muß Margareta Lösin ihr noch den wöchentlichen Pachtzins aushändigen. Denn diesen muß sie als Wirtin des Hauses an die Stadt zahlen. Das Geld geht an den Scharfrichter, der von der Stadt auf diese Weise besoldet wird.

Die Zusammenkunft im Frauenhaus ist aber noch nicht zu Ende. Es werden Beschwerden vorgebracht. Die Wirtin ist verpflichtet, für die sechs Pfennige, die sie pro Woche extra von den Bewohnerinnen erhält, täglich Suppe, Gemüse und zwei Trachten Fleisch oder statt dessen Eier und Fisch zu reichen. In letzter Zeit, so beschweren sich einige Frauen, sei die Suppe ohne Salz und dünner als Wasser gewesen. Außerdem gab es immer zu wenig Fleisch. «Wir müssen hart arbeiten für unser Geld und brauchen ein anständiges Essen, außerdem geben wir dir genug Geld dafür», schimpft Maria, die am längsten im Haus arbeitet und sich oft zur Fürsprecherin der Frauen macht. Die Wirtin Margareta versucht, sich herauszureden. Die Köchin verlange so viel Lohn und stehle immer von den Vorräten, behauptet sie. Außerdem habe sie Strafe zahlen müssen an die Stadt, weil sie Sonntag vor vier Wochen die fünf Tuchhändler aus Brabant ins Haus gelassen habe. «Niemand hat dich darum gebeten, an unserem freien Sonntagabend und obendrein wo's verboten ist, Männer ins Haus zu holen», hält Maria ihr entgegen. Auch die anderen Frauen interessieren sich nicht für die Ausreden der Wirtin und verlangen das ihnen rechtmäßig zustehende Essen. Sie drohen mit einer Beschwerde bei dem Frauenhausrichter. Nach langem Hin und Her einigen sich die Frauen endlich mit der Wirtin. Die Gemüter beruhigen sich langsam. Es beginnt eine fröhliche Unterhaltung. Zur fortgeschrittenen Stunde drängen die Frauen Maria, die Geschichte vom Sturm auf das Haus mit den heimlichen Frauen zu erzählen. Diese läßt sich nicht lange drängen und schildert ein Ereignis, das sich vor fünf Jahren in der Stadt zugetragen hat.

«Damals gab es unterhalb vom Stadttor ein recht zwielichtiges Wirtshaus, in dem der Wirt ‹heimliche Frauen› hielt, die er für wenig Geld, und zwar weniger als vorgeschrieben, an Männer gab. Die Frauen dort waren fast alle von ihren Ehemännern oder Vätern als Pfand an den Wirt gegeben worden, obwohl es schon seit Jahren unter Androhung strengster Strafen verboten war. Wir nun», erzählt Maria weiter, «wollten das Treiben nicht länger mit ansehen; denn wo kämen wir da hin, wenn ein Mannsbild nicht mehr ordentlich zu zahlen braucht, nur weil er's anderswo fast umsonst bekommt. Also zogen wir mit acht Frauen zum Bürgermeister, der uns auch anhörte. Wir berichteten von dem verbotenen Treiben am Stadttor und schilderten die Not und das schlechte Ansehen, das durch ein solches ‹heimliches Haus› auf unseren Berufsstand geworfen werde. Wir baten um Erlaubnis, das Nest aufzustöbern und zu zerstören. Nach langem Bedenken erhielten wir die stillschweigende Zustimmung des Bürgermeisters. Wir stürmten los, aber als wir ankamen, waren die ‹Vögel› aus dem Nest geflogen, nur der Wirt war da. Den schlugen wir dafür um so greulicher. Dann zertrümmerten wir die Fensterscheiben und nahmen mit, was jeder von uns gerade gefiel. Später hat es dann eine Beschwerde gegen uns gegeben. Doch daraus wurde nichts. Denn wir hatten ja das Wort des Bürgermeisters. Danach war mit den ‹heimlichen Häusern› endgültig Ruhe in der Stadt.»

Mit dieser Feststellung beendet Maria zufrieden ihre Geschichte. Die Frage, ob sie denn nicht Mitleid mit den armen Frauen gehabt habe, die doch auch nur ihr Brot verdienen wollten, verneint Maria entschieden. Eine ordentliche Dirne kann eine solche Konkurrenz nicht dulden, auch wenn die Frauen zu bedauern waren, die an einen solchen Wirt verpfändet wurden. Der ganze Berufsstand könne auf diese Weise herunterkommen und kein ordentliches Geld mehr verdienen, meint Maria. Im übrigen sei es in den Handwerkszünften auch nicht anders. Die Kölner Frauenzunft der Seidmacherinnen könne ihren Reichtum und ihr Ansehen auch nur halten, weil sie Konkurrenz außerhalb der Zunft nicht dulde.

Es wird noch eine Weile erzählt und dem Wein gut zugesprochen. Doch um Mitternacht ist Schluß. Denn am Sonntagfrüh gehen viele der Frauen zur Kirche.

Fast ein halbes Jahrhundert später, im Jahre 1500, haben sich die wirtschaftlichen Verhältnisse in der Stadt sehr verschlechtert. Auch im «Haus zur Jungfernstiege» macht sich das bemerkbar. Die Einnahmen sinken und das Haus verkommt immer mehr, weil die Stadt kein Geld mehr für die Erhaltung ausgibt. Auch das Ansehen der Hübscherinnen hat sich gewandelt. Seit einiger Zeit dürfen sie nicht einmal mehr an den großen Hochzeiten der Patrizierfamilien teilnehmen und Glückwünsche überbringen. Das Schlimmste sind aber die neuen Anordnungen der Stadt, die ihnen nur noch den Aufenthalt in dem Stadtviertel, in dem sich das Frauenhaus befindet, erlaubt. Außerdem müssen alle fortan eine gelbe Schleife an der Schulter ihres Kleides oder ihres Mantels tragen, damit man sie sofort von den «ordentlichen Frauen» unterscheiden kann.

Auch in vielen anderen Städten ergeht es zu dieser Zeit den Prostituierten nicht sehr viel besser. Die Prostituierten müssen in der Kirche getrennt von den anderen Frauen sitzen, in manchen Gegenden verbietet man ihnen überhaupt den Besuch der Messe. Auch auf dem Friedhof dürfen sie nun nicht mehr begraben werden. Nachdem sich in der Kirche immer stärker die Auffassung durchgesetzt hat, daß der Besuch von Geistlichen in den Frauenhäusern und überhaupt die Duldung der Prostitution dem Ansehen der Kirche schweren Schaden zufüge, gehört der Klerus zu den heftigsten Gegnern der Prostituierten. Dazu kommen die Bürger des Zunftwesens und des Handels, die sich mit einer strengen Moralauffassung gegen die «Ausschweifungen» der oberen Stände abzugrenzen trachten. Wobei es den Bürgern dabei stark darum geht, sich politisch zu profilieren. Die Macht des Adels soll auch mit dem Mittel der «moralischen Kritik» in Frage gestellt werden. Gleichzeitig soll mit diesen Maßnahmen gegen die Prostitution die sogenannte Sittenlosigkeit und fehlende Arbeitsmoral des einfachen Volkes bekämpft werden. Federführend sind dabei die Zunftbürger und die Kirche; sie wollen die Sittenlosigkeit und den Verfall der Arbeitsmoral für die wirtschaftliche Not verantwortlich machen.

In dieser Zeit, in der bereits erste größere Hexenverfolgungen stattgefunden haben, erinnert man sich an einen Spruch des Predigers Berthold von Regensburg aus dem 13. Jahrhundert, der gegen die «gemeinen Fräulein» wetterte und meinte, sie dürfen nicht Fräulein heißen, «denn sie haben alle Frauenwürde verloren und wir nennen sie die bösen Häute auf dem Graben, denn sie entziehen Gott alltäglich vieler Seelen und überantworten sie dem Teufel, so ihrer nimmer Rat wird»[38].

Angesichts solcher sich durchsetzender Einstellungen wundert es einen wenig, wenn in späterer Zeit immer mehr Prostituierte den Hexenpogromen zum Opfer fallen. Doch auch schon vorher häufen sich die Quälereien an diesen Frauen:

«Unter Begleitung von Trommeln und Pfeifen wurden die halbentblößten Weiber durch die Stadt gepeitscht und zum Tore hinausgeworfen oder am Pranger der Wut des Pöbels preisgegeben. Mit glühenden Eisen grub man ihnen auf den Wangen, der Stirne oder auf dem Rücken Schandzeichen ein, durch die sie für immer aus der Gesellschaft der Ehrlichen verbannt wurden»[39].

Dieser Wechsel im gesellschaftlichen Ansehen der Prostituierten von einer gewissen Wertschätzung und Selbständigkeit sowie einem recht ordentlichen Einkommen hin zur Armut und gesellschaftlichen Ächtung gilt nicht nur für diese Gruppe von Frauen. Wir sahen bislang sowohl bei den Frauen auf dem Land als auch bei den Beginen, den Handwerkerinnen in den Städten und auch bei den Frauen in anderen qualifizierten Berufen, wie sich mit dem 16. Jahrhundert ihre gesellschaftliche Situation zunehmend verschlechtert.

Neben den Prostituierten in den Städten und denen, die mit den Heeren mitziehen, gibt es noch eine große Gruppe von Frauen, die zum fahrenden

102 Zwei mit dem Heer umherziehende Frauen und der Hurnweibel

Der Schneider

Ja, wohl auf du schöne Näherin
Zieh mit mir nach Notbetten
Da will ich die Landsknechte kleiden
Und will gutes Geld verdienen
So mach du in die Hemden
aus Seide und Gold köstliche Stickerei
Du wirst in einem Monat mehr Geld verdienen
als in einem Jahr bei der Näherin.

Die Näherin

Wenn du versprichst ein guter Kamerad zu sein
Dann wagte ich es wohl mit dir als Gesell
Und ließe mich daran, mein Freund, nicht hindern
Ich hoffe, wir werden uns wohl ernähren können
Du machst die Kleider für die Landsknechte
Geteilt, zerhauen und zerschnitten
Aus Seide, Stoff aus Arles und Samt
Dadurch kommen wir zu Ehre und Reichtum.

103 «Die Nederin» (Näherin) und «Der Schneyder», die ihr berufliches Glück bei den umherziehenden Landknechtsheeren versuchen wollen. Holzschnitt von H. Guldenmund aus der Mitte des 16. Jh.

104 Frauen und Männer des Heeres bei der Plünderung eines Dorfes. Illustration aus J. Stumpf's Schweizerchronik. 1558

105 Frau und Mann bei der Essenszubereitung im Heerlager. 16. Jh.

106/107 Aufständische Bäuerinnen und Bauern in einem Troß.
A. Altdorfer. Anfang des 16. Jh.

108 Musizierende Frau zusammen mit anderen Gauklern. Illustration aus den «Emblemata Secularia, weltlich lustig neue Kunststück» von Th. de Bry. 1611

109 Die Bärenführerin. Flugblatt-Illustration. 16. Jh.

110 Tanzende Bettlerin und Bettler. P. Bruegel (der Ältere). 16. Jh.

111 Zeitungssingerin bzw. -verkäuferin (rechts). J. G. van Vliet. 17. Jh.

112 «Kriegsscenen und Gräuelthaten in den Niederlanden» 1672 u. 1673. R. De Hooghe

Volk zählen. Die Zahl der Frauen, Männer und Kinder, die durch das Land ziehen, ist gewaltig. Es sind nicht nur Armut, Ausgestoßenheit oder Vertreibung vom Hofe, die die Menschen zum Umherziehen bringen. Auch reine Lebensfreude und Abenteuerlust spielen eine große Rolle. Das fahrende Volk gehört zwar auch zum unehrenhaften Stand, doch erfreut es sich großer Beliebtheit. Denn es bringt Leben in das Markttreiben und in die verschiedenen Feste. Auf allen Reichstagen, Messen und Kirchentagen, die mit Volksvergnügungen verbunden sind, führen die fahrenden Leute allerlei Kunststücke auf, verkaufen manchmal Korbwaren oder gehen dem Geschäft der Bettelei nach. Bettlerin oder Bettler zu sein, ist keinesfalls unehrenhaft, sondern fast wie ein eigener Berufsstand. Eine der berühmtesten Figuren ist die Landfahrerin «Courage» aus der Erzählung von Grimmelshausen (S. 93, Nr. 101). Sie, die als «Erzbetrügerin» und «Landstörzerin» bezeichnet wird, ist eine legendäre Figur, die stellvertretend für die vielen Frauen steht, die Räuberbanden anführen oder mit ihnen umherziehen. Solche Frauen geraten sehr schnell in den Verdacht der Hexerei, so wie es auch der «Erzbetrügerin Courage» in der Erzählung ergeht.

Andere Frauen ziehen als Marketenderinnen mit den Kriegsheeren durch das Land. Sie verkaufen Lebensmittel oder übernehmen das Kochen (S. 100, Nr. 105) und Waschen. Gleichzeitig beteiligen sie sich auch an Plünderungen in Dörfern (S. 100, Nr. 104). Der «Hurnweibel» (S. 98, Nr. 102) hat die Oberaufsicht über alle Frauen, einschließlich der Prostituierten, die mit dem Heer mitziehen. Die Bezeichnung Hurnweibel leitet sich nicht, wie fälschlicherweise angenommen, von dem Begriff der Hurerei ab. Ursprünglich haben diese Männer technische und verwaltungsmäßige Funktionen in den Heeren, und sie haben die Aufsicht über die «nichtmilitärischen» Personen. Zu diesen gehören auch einzelne Handwerkerinnen und Handwerker wie beispielsweise der Schneider und die Näherin auf Seite 99 (Nr. 103). Die beiden überlegen sich, ob sie gemeinsam ihr Glück bei den Landsknechten versuchen, da dort gutes Geld zu verdienen sei.

Unter dem fahrenden Volk treten Frauen als Tänzerinnen, Musikantinnen (S. 102, Nr. 108), Wahrsagerinnen, Närrinnen, Artistinnen oder als Bärenführerinnen auf den Jahrmärkten auf (S. 102, Nr. 109). Auch eine Bänkelsängerin und Zeitungsverkäuferin wird bildlich dargestellt (S. 12, Nr. 4; S. 103, Nr. 111). Durch die im Spätmittelalter um sich greifende Armut wird die Zahl der Umherziehenden immer größer.

Die Städte und Dörfer sind nunmehr übervölkert von diesen armen Frauen, Kindern und Männern. Das fahrende Volk verliert sein Ansehen und wird immer stärker zum Gegenstand scharfer Gesetzesanordnungen, die ihnen den Aufenthalt in Städten untersagen. Im 17. Jahrhundert geht man dazu über, sie in Armenhäuser, die zu Arbeitshäusern umgewandelt werden, einzusperren und sie zur Zwangsarbeit zu verpflichten. Darunter sind besonders viele Frauen und Kinder.

Der Dreißigjährige Krieg von 1618 bis 1648 vergrößert Armut, Elend und Tod ins Unermeßliche. Frauen sind bei räuberischen und kriegerischen Auseinandersetzungen meistens Opfer, selbst wenn sie sich vereinzelt in den Räuberbanden zu handelnden Frauen machen. Die Kriegsszene auf der Seite 104 (Nr. 112) macht die Opferrolle der Frauen und die Greueltaten der Soldaten auf besonders erschreckende Weise deutlich. Dabei ist es unerheblich, ob es wie auf dem Bild um Ereignisse in den Niederlanden geht oder um Deutschland. Als aktiv handelnde Frauen, die sich gegen die Unterjochung und brutale Ausbeutung des Bäuerinnen- und Bauernstandes wehren, finden wir sie in den Bauernkriegen des 16. Jahrhunderts (S. 101, Nr. 106/107). Bislang ist sehr wenig über die Beteiligung der Frauen an den Aufständen geschrieben worden. Nur vereinzelt fand ich Notizen, Bemerkungen, die – aus der Sicht der Herrschenden gesehen – gerade Frauen «verdächtigen», Informationen zwischen den Dörfern hin und her zu tragen und besonders unter dem «Deckmantel» des Verkaufs von Waren auf dem Markt für die rebellierenden unteren Schichten der Stadtbevölkerung Kurierdienste zu erfüllen.

Doch die Figur der aktiven, handelnden Frau, die im Mittelalter neben allen Unterdrückungsmechanismen noch in großer Zahl zu finden ist, verschwindet immer mehr. Die Hexenpogrome, von denen im letzten Kapitel die Rede sein wird, und die mit der Reformation einsetzende Begrenzung des Frauenbildes auf das Hausfrau- und Mutterdasein, lassen die vielseitige und aktive mittelalterliche Frauengestalt immer mehr in den Hintergrund treten, bis sie in Vergessenheit gerät.

113 «Die Geburt der Maria» von A. Dürer (1471–1528). Typische deutsche Wochenbettstube

VIII

VON HEBAMMEN UND IHREN LEHRTÖCHTERN, VERHÜTUNG UND SCHWANGERSCHAFT

Das unten abgedruckte Lied enthält fast alle wichtigen Informationen über Verhütung, Abtreibung, Geburt und das Schicksal der Hebammen. Die schon öfter erwähnte Tatsache, daß Frauen im Mittelalter durchschnittlich nicht mehr als drei Kinder haben und dies nicht nur oder hauptsächlich auf die hohe Säuglingssterblichkeit zurückzuführen ist, hängt eng mit dem Wirken der Hebammen zusammen. Sie kennen am besten die Mittel und Methoden zur Verhütung und Abtreibung, von denen es 103 verschiedene[41] gegeben haben soll. Es sind vor allem Tees, Suds und Pulver aus verschiedenen Pflanzen, die verwendet werden. Die Breite der Verhütungsmöglichkeiten erlaubt den mittelalterlichen Frauen eine recht freizügige Sexualität mit Männern. Außerdem verfügen sie damit über ein gewisses Maß an Selbstbestimmung über den eigenen Körper. Die Kenntnisse der Hebammen in der Geburtshilfe sind sehr umfangreich. Mit verschiedenen Mitteln und bestimmten Geburtsmethoden erleichtern sie den Frauen die Niederkunft. Geburten sind zu dieser Zeit allein dadurch erleichtert, daß immer noch im Hocken oder Sitzen geboren wird (S. 112, Nr. 119, 120) und nicht – wie später – im Liegen. Heute weiß frau/man, daß dies die weniger schmerzvollen und weniger anstrengenden Gebärpositionen sind. Männer haben lange Zeit keinen Zugang zu diesen Kenntnissen und der praktischen Frauenheilkunde. Auch vom Geburtsvorgang sind sie strikt ausgeschlossen. Der weibliche Körper, Verhütung und Geburt sind Wissens- und Erlebnisbereiche, die nur Frauen kennen und miteinander teilen. Dazu gehört auch ein solches Geburtsfest, wie es auf Seite 106 (Nr. 113) dargestellt wird. Es ist ein reines Frauenfest. Zur Arbeit der Hebamme gehört die Beratung und Untersuchung der Schwangeren während der neun Monate, dazu zählt auch die Ernährungsberatung. Nach der Geburt betreut die Hebamme die Mutter noch einige Wochen. Die Kinderheilkunde gehört ebenfalls in ihr Arbeitsgebiet.

Auf Seite 110 (Nr. 114) sehen wir die Beratung einer Schwangeren durch eine Hebamme. Die Abbildung stammt aus einem Buch von Jakob Rueffen. Im 16. Jahrhundert erscheinen einige solcher von Männern verfaßten «Hebammenbücher». Zu diesem Zeitpunkt ist es den Stadtärzten, von denen gleich die Rede sein wird, bereits gelungen, den Hebammen ihr Wissen durch Prüfungen zu «entlocken». Praktische Erfahrungen, das ist diesen Büchern anzumerken, haben die Männer zu dieser Zeit immer noch nicht. Bücher aus alter Zeit, die von Hebammen selbst geschrieben worden sind, oder Textsammlungen sind für Deutschland nicht bekannt. Vielleicht sind sie verlorengegangen oder vernichtet worden. Sicherlich hat es nicht an den fehlenden Kenntnissen im Schreiben und Lesen seitens der Hebammen gelegen. Es ist bekannt, daß sie beides in der Regel beherrschten. Der Umgang mit Heilkräutern (S. 110, Nr. 115; S. 111, Nr. 116)

Vor fünf- bis sechshundert Jahren
gab's Hebammen in diesem Land.
Die waren für ihre Künste,
Kräuter zu nutzen bekannt.

Doch zum Weib sprach Gott der Herr,
unter Schmerzen sollst du gebären.
Eine Hebamme gab hierauf nicht viel.
Geburtenschmerz lindern, das war ihr Ziel.

Rosmarin und Thymian
wuchs in der Hebamme Garten.
Das Kraut verhinderte Schwangerschaft
und weckte den Groll der Priesterschaft.

Der Sadebaum, das Mutterkorn
machte manches Kindlein ungeborn.
Weil Hebammen die Natur gut kannten,
auf dem Scheiterhaufen sie verbrannten[40].

und die genaue Kenntnis der Natur machen die heilkundigen Frauen und Hebammen während des ganzen Mittelalters im Volk zu besonderen Personen. Sie werden geachtet, weil sie die Ärztinnen des Volkes sind. Ihnen werden magische Kräfte zugesprochen, die Gutes wie Böses bewirken können. Besonders Männern sind die heilkundigen Frauen und Hebammen eher unheimlich, bei ihnen mischen sich Achtung und Furcht. Verhütung und alle Bereiche der Frauenheilkunde sind für die Männer im allgemeinen unbekannte und damit auch eher unheimliche Bereiche.

Der Berufsstand der Hebamme bildet sich schon sehr früh heraus. Hebammen arbeiten auf dem Land und in der Stadt. Die Vorstellung von der germanischen oder mittelalterlichen Frau, die «mal schnell so nebenbei» ein Kind bekam und dann wieder auf das Feld ging oder sich dem Haushalt widmete, ist völlig falsch. Wie früh der Beruf der Hebamme existiert, läßt sich beispielsweise an einer Schrift der Dichterin Roswitha von Gandersheim aus dem 10. Jahrhundert erkennen. Bei ihrer Darstellung der Geburt Jesu tauchen zwei Hebammen auf, die von Joseph geholt werden. Sie kommen zwar zu spät (die Hebammenfunktion hat laut dieser Erzählung flugs ein Engel übernommen), trotzdem wollen sie mehr über diese – wie Joseph behauptet – Jungferngeburt wissen. Denn ein solches «Wunder» kommt ihnen doch recht unwahrscheinlich vor. So meint eine der Frauen, namens Zelemi: «So wahr der Herr mein Gott lebt, wenn ich nicht ihre Natur untersuche, so werde ich nicht glauben, daß eine Jungfrau geboren hat»[42]. Sie untersucht Maria, und siehe da, alle Anzeichen der Jungfräulichkeit sind gegeben. Da nun die zweite Hebamme, namens Salome, eine ausgesprochene Praktikerin ist, meldet sie trotz der Aussage ihrer Kollegin erhebliche Zweifel an und besteht auf einer eigenhändigen Untersuchung. Als sie dies versucht, straft Gott sie für ihre Zweifel, indem er ihre Hand erlahmen läßt (was für eine Hebamme zur damaligen Zeit einem Berufsverbot gleichkommt). Auf Seite 114 (Nr. 124) sind die beiden Hebammen beim Baden des Christkindes abgebildet. Links im Bild ist Salome mit ihrem Schultertuch noch zu sehen, das sie nun aber nicht mehr braucht. Denn ihre Reue über ihre Ungläubigkeit ist natürlich so ernstlich und tief, daß Gott die Strafe wieder aufhebt und sie ihre Hand wieder bewegen kann. Diese Erzählung der Geburt Jesu und die Bestätigung des Wunders durch zwei Hebammen gibt es in unzähligen Variationen im Mittelalter. Heute ist sie völlig unbekannt.

Interessant an der Erzählung ist auch der Konflikt, der sich hier anfänglich zwischen christlichem Wunderglauben und den Erfahrungen und Kenntnissen der Hebammen abspielt. Die Hebammen sind für die Kirche von Anfang an eine Problemgruppe. Denn ihre Kenntnisse über Abtreibung und Verhütung, ihr Wissen über den Zusammenhang von Kräuterwachstum und Stern- und Mondkonstellationen gelten als Sünde und Gotteslästerung.

Die Heilkundigen und Hebammen verkörpern für den Klerus die alte, nichtchristliche Welt, in der die magischen Kräfte des Mondes, die guten und bösen Kräfte der Natur eine zentrale Rolle spielen. Diese Frauen repräsentieren für die Kirche den Widerstand, besonders in den bäuerlichen Schichten, gegen die christliche Glaubenslehre.

Neben der Kirche bekämpft auch die aufkommende Buchmedizin des Mittelalters mit ihren heute als wenig wirksam erkannten Methoden wie Harnbeschau und Aderlaß die heilkundigen Frauen und Hebammen als unliebsame Konkurrentinnen. Erst beschimpft man(n) sie nur als Quacksalberinnen, dann eignet man(n) sich als Stadtärzte die Kontrolle über die Hebammen und damit einen Teil ihres Wissens an, und zum Schluß bemächtigt sich die männliche Ärzteschaft vollkommen der Frauenheilkunde. Nach den großen Hexenpogromen, denen eine große Zahl an Hebammen zum Opfer fällt, ist diese (männliche) Leistung dann mit erschreckender Gründlichkeit vollbracht.

Doch verfolgen wir nun erst einmal die Entwicklung im Mittelalter und sehen uns die Kenntnisse und Praktiken der Hebammen an.

Rosmarin und Thymian
wächst in unserem Garten.
Jungfer Ännchen ist die Braut
kann nicht länger warten.
Roter Wein und weißer Wein
morgen soll die Hochzeit sein.

Petersilie Suppenkraut
wächst in unserm Garten
Mutter gibt mir einen Mann
ich kann nicht länger warten[43].

Hinter diesem Kinderlied aus dem deutschsprachigen Raum, das vor allem von kleinen Kindern als

Ringelreihen getanzt wird oder wurde, verbirgt sich eine wichtige Information: Rosmarin, Thymian, Petersilie und Suppenkraut gelten als alte Verhütungsmittel. Sie werden von den Hebammen an die Frauen weitergegeben oder von diesen in eigenen Gärten angepflanzt. Die Anwendung ist offensichtlich lange Zeit bekannt, denn in dem Hinweis «roter Wein», «weißer Wein» geht es um den Zeitpunkt der Menstruation und der Tage danach. Bei den angegebenen Pflanzen wird davon ausgegangen, daß die in ihnen enthaltenen starken ätherischen Öle auf das noch zarte Eiweiß des sich beim Eisprung lösenden Eies einen solchen Einfluß nehmen, daß eine Befruchtung verhindert wird. Ebenso erfahren wir aus dem Kinderreim, daß sehr wohl auch junge, unverheiratete Mädchen Verhütung praktizieren, um ihre Sexualität mit Männern zu leben. Selbst in einem Kräuterbuch aus dem Jahre 1694 finden sich noch genaue Angaben über Verhütung und Abtreibung, wenn auch entsprechend des Zeitgeistes kommentiert:

«Eine handvoll Thymiankraut in einer halben Maß weißen Weins gesotten / und davon morgens nüchtern getruncken / ... / treibet die monatliche Reinigung der Weiber / todte Leibesfrucht und Nachgeburt / ...»

Zu den Abtreibungsmitteln, die gefährlich sind, wenn nicht genaue Kenntnisse über ihre Dosierung und Anwendung existieren, gehören das Mutterkorn und der Sadebaum, der auch Sevenbaum, Kindermord und Jungfernpalme genannt wird. In dem gleichen Kräuterbuch heißt es hierzu:

«Destilliertes Sevenbaum=Wasser ... befürdert der Frawenzeit mit Gewalt / und den Harn so heftig / daß bißweilen Blut mitgehet: Die todte Frucht treibt forth / daher die gottlosen Weiber / so in Unzucht schwanger werden / ihre Kinder im Mutter Leib mörderischer weiß mit Sevenbaum umbringen / und hernach als tod abtreiben: Ferner gebrauchen die Hexen den Sevenbaum zur Zauberey.»

Beim Ausbleiben der monatlichen Regel weiß sich frau offensichtlich ebenso zu helfen, wie es wohl auch möglich ist, mit solchen und ähnlichen Mitteln die Menstruation zu verschieben, wenn sie «unpassend» kommt.

«Guten Peterlein=Samen (Petersiliensamen) zu Pulver gestoßen / und bey einem Quintlein schwer morgens und abends mit Brühen eingenommen / ... / befürdert die zurück bleibende monatliche Reinigung der Weiber ...[44]».

Wie lange sich das Wissen, zumindest in Bruchteilen, erhalten hat, zeigt eine Notiz aus dem Jahre 1976, wo ein Autor über den Sevenbaum schreibt:

«Der Sevenbaum war früher ein berüchtigtes Volksmittel, um Fehlgeburten auszulösen. ... Es ist kultur- und sittengeschichtlich bemerkenswert, daß im Münchener, Züricher und manchem anderen botanischen Garten der Sevenbaum mit einem hohen Gitter eingefriedet werden mußte, da er wegen seiner geburtsabtreibenden Wirkung vor den Nachstellungen von Frauen und Mädchen geschützt werden mußte! Neuanpflanzungen in öffentlichen Gärten sind nun verboten»[45].

Doch zurück zum Mittelalter. Die Anwendung von Verhütungs- und Abtreibungsmitteln bringt den Hebammen natürlich die Feindschaft der Kirche ein. Der Klerus aber sieht sich genötigt, sich mit den Hebammen auf gewisse Weise zu arrangieren und, wenn das nicht hilft, Zwangsmaßnahmen anzuwenden. Es geht um die Seele des Neugeborenen, und da ja keine Männer – und damit auch keine Priester – Zugang zur Geburt und zum Wöchnerinnenbett haben, sind die Hebammen die ersten «Kontaktpersonen» zur Seele des Neugeborenen. Bereits nach wenigen Wochen gilt der Fötus als ein mit einer Seele ausgestattetes Wesen. Von daher ist das Neugeborene von höchstem Interesse für die Geistlichkeit, auch wenn es keine Aussicht hat, am Leben zu bleiben. Die Hebammen erhalten sehr früh das Laientaufrecht, und das Kirchenkonzil von 1310 verpflichtet sie sogar zur Nottaufe, wenn die «Leibesfrucht» in Gefahr ist. Es wird die Anweisung gegeben:

«Wenn bei einer Kreißenden das Kind nur mit dem Kopfe geboren ist, und die Geburt nicht beendet werden kann, soll baldigst eine der Hebammen Wasser über den Kopf des Kindes gießen und dabei die Taufformel sprechen»[46].

Die Taufe wird im 14. Jahrhundert wohl nicht so besonders ernstgenommen, denn Berthold von Regensburg ermahnt alle Gläubigen:

114 Eine Hebamme berät eine Schwangere. Holzschnitt von J. Amman. Illustration in Jacob Rueffen: «Hebammen-Buch / Daraus man alle Heimlichkeit deß Weiblichen Geschlechts erlehrnen / welcherley gestalt der Mensch in Mutter Leib empfangen / zunimpt unnd geboren wirdt / Auch wie man allerley Kranckheit / die sich leichtlich mit den Kindbetterin zutragen / mit köstlicher Artzeney vorkomen und helffen könne. Alles auß eygentlicher Erfahrung deß weitberühmpten Jacob Rueffen / Stattartzes zu Zuerych / vor dieser zeit an Tag geben.» Ausgabe von 1563

115 Frauen im Kräutergarten. Titelbild des «Hortulus» von W. Strabo

116 Heilkundige bereitet eine Medizin. Illustration aus «Historia Scholastica». 14. Jh.

117 Hebamme mit Neugeborenem und Nabelschere. Miniatur aus einem Neudruck der Dresdener Bilderhandschrift des Sachsenspiegels. «Sachsenspiegel»: einflußreichstes deutsches Rechtsbuch des Mittelalters. Erstfassung um 1230

118 Kaiserschnitt. Illustration aus K. Dinkmuth: «der seel wurtzgärtlein». 1483

119 Entbindungsszene aus der zweiten Hälfte des 15. Jh.

120 Eine Entbindung in Hockstellung. 1429

121 Entbindungsszene im Sitzen auf einem Gebärstuhl. Im Hintergrund zwei Männer, die die Sternenkonstellation der Geburtsstunde des Neugeborenen errechnen. Holzschnitt von J. Amman. Illustration in J. Rueffen: «Hebammen-Buch …». Ausgabe 1563

122 Hebamme zieht das Kind heraus. Um 1500

123 Eine «ehrbare Frau» aus Nürnberg (links). Aus Heldt (1560–1580): «Abconterfaittung allerlei Ordenspersonen in irer klaidunge und denn viele alten klaidunge» usw. Lipperhaidische Modensammlung. «Ehrbare Frauen» waren Stadtbürgerinnen, die lange Zeit die Kontrolle über die Hebammen ausübten

124 Zwei Hebammen baden das Christkind. Aachener Marienschrein um 1220

125 Gebärstuhl. Illustration aus Jacob Rüff: «Ein schön lustig Trostbüchle von den empfengknussen und geburten der menschen / unnd ihren vilfaltigen zufälen und verhindernussen / mit vil unnd mancherley bewärter stucken unnd artzneyen / ouch schönen figuren / darzu dienstlich zu trost allen gebärenden frouwen / und eigentlichen bericht der Hebammen / erst nüwlich zusamen geläsen durch Jacob Rüff / burger und Steinschnyder der loblichen Statt Zürych. Getruckt zu Zürych». 1554

126 Geburtsszene. Illustration aus Eucharius Rösslin: «Der Swangern frawen und hebammē roßgartē.» 1513

127 Ein Kindbettschmaus. Holzschnitt aus dem zweiten Viertel des 16. Jh.
128 Frankfurter Wochen- und Kinderstube. Holzschnitt aus dem 16. Jh.

129 Niederdeutsche Wochenstube. Kupferstich von J. van Meckenem. 15. Jh.

130 Wochenbett. Flugschrift aus dem 17. Jh. Hier als Spott auf die ‹Plauderhaftigkeit› der Frauen

«Es soll weder Wein, noch Milch, noch Bier sein, etliche taufen in Sandhaufen; es soll aber in aller Welt nichts sein, denn Wasser»[47].

Die etwas ausgefallenen Taufformen haben sich offensichtlich lange gehalten, denn 1580 wird diese Ermahnung in einer Kirchenordnung wiederholt.

Das genannte Kirchenkonzil von 1310 wendet sich auch dem Thema Kräutersammeln und magische Praktiken zu und gibt folgende Anordnung:

«Beim Kräutersammeln darf man keine Zaubersprüche und keine anderen Formeln anwenden als das Vaterunser und das Symbolum (Glaubensbekenntnis). ... Es ist nicht erlaubt, auf die ägyptischen Tage, zwei von den ägyptischen Astrologen als unglücklich bezeichnete Tage jedes Monats, auf Konstellationen und Lunationen (Mondswandlungen), auf die Kalenden des Januars und der übrigen Monate, auf den Lauf der Sonne, des Mondes und der Sterne abergläubisch zu achten, als ob hierin besondere Kraft liege. ... Aus dem Sternzeichen, in dem jemand geboren ist, darf man nicht seine Sitten und Schicksale voraussagen»[48].

Das Ausrechnen des Geburtshoroskops ist bis weit über das Mittelalter hinaus durchaus üblich. Auf Seite 113 (Nr. 121) sehen wir eine Entbindung und im Hintergrund zwei Männer, die das Horoskop bestimmen. Dabei darf aus dem Bild nicht geschlossen werden, daß die Männer sich in der Wöchnerinnenstube aufhalten, denn das ist ja nicht gestattet. Hier wird nur bildhaft Geburt und Horoskopberechnung als Einheit dargestellt. Die Hebamme wird neben der Ausführung der Nottaufe auch zum Kaiserschnitt verpflichtet, wenn abzusehen ist, daß die Mutter sterben wird, um so das Kind, selbst wenn es nur noch für Minuten lebt, noch zu taufen. Aus ihren Anschauungen heraus muß die Kirche der Hebamme also eine wichtige Rolle zusprechen, auch wenn ihnen dieser Berufsstand mit seinen heidnisch-magischen Ansichten und Praktiken sehr verdächtig erscheint. Nicht selten wirkt sich das darin aus, daß den Hebammen unterstellt wird, sie stünden, statt auf christliche Weise um die Seele jedes Neugeborenen zu ringen, im Bündnis mit dem Teufel und verschrieben ihm die Seelen. Jedes Unglück und jeder Todesfall bei einer Geburt kann der Hebamme angelastet und als Teufelswerk ausgelegt werden.

Die Kontrolle der Hebammen beginnt bereits im 14. Jahrhundert. In einigen Städten werden sogenannte «ehrbare Frauen» eingesetzt, denen das Hebammenwesen unterstellt wird (S. 114, Nr. 123). Die meisten von ihnen stammen aus reichen Bürgerfamilien. Aber nur, wer selbst geboren hat, darf dieses Amt übernehmen. In späterer Zeit müssen die Lehrtöchter der Hebammen vor den «ehrbaren Frauen» eine Prüfung ablegen, bevor sie zur selbständigen Arbeit zugelassen werden. Allgemein scheint es aber wenig Konflikte zwischen den «ehrbaren Frauen» und den Hebammen gegeben zu haben. Ganz im Gegensatz dazu stehen sich die Stadtärzte und die Hebammen von Anfang an recht feindlich gegenüber. Im Verlauf des 15. Jahrhunderts werden diese Stadtärzte zur Kontrolle und Prüfung der Hebammen eingesetzt. Die «ehrbaren Frauen» verlieren immer mehr ihre Funktion. 1452 wird die erste städtische Hebammenordnung in Augsburg erlassen. In den darauffolgenden Jahrzehnten gibt es in immer mehr Städten solche Ordnungen. Sie dienen zur Reglementierung der Hebammen. Diese Ordnung gilt nicht nur für die städtisch bestellten Hebammen, die es seit dem 14. Jahrhundert gibt, sondern auch für die frei praktizierenden. Die städtischen Hebammen sind in der Regel besonders qualifizierte Frauen und werden von der Stadt besoldet.

Um einen Eindruck vom Alltag der Hebammen im Mittelalter zu gewinnen, soll die fiktive Geschichte der Anna Kunkel und ihrer Lehrtochter Christina erzählt werden; alle Einzelheiten sind, wie bei den anderen Geschichten (und Liedern) auch, alten Dokumenten entnommen.

AUS DEM ALLTAG DER HEBAMME ANNA KUNKEL

Anna Kunkel ist fünfzig Jahre alt. Seit zwei Jahren wohnt das Lehrmädchen Christina bei ihr. Obwohl vor kurzem die «ehrbaren Frauen» beim Stadtrat durchgesetzt haben, daß die Lehrtöchter grundsätzlich nicht mehr bei den «Wehmüttern» wohnen sollen, hat man bei Anna eine Ausnahme gemacht, da Christina schon so lange bei ihr ist. Es soll vorgekommen sein, daß die Lehrmädchen Tag und Nacht arbeiten und obendrein den Haushalt versorgen mußten, was ihrer Gesundheit und Ausbildung abträglich ist. Diesem Mißbrauch soll nun vorgebeugt werden. Obwohl Anna solch schamlose Ausnutzung verurteilt, da sie meint, eine Lehrtochter solle man wie ein eigenes Kind behandeln, hält sie von den ständigen Neuerungen gar nichts. Diese häufen sich aber in letzter Zeit, vor allem seit dieser Stadtarzt, ein Buchgelehrter, wie Anna verächtlich meint, zur Aufsicht über die Hebammen eingesetzt ist. Er ist auch schuld daran, daß Anna zum Pfarrer gerufen und von diesem ermahnt worden ist. Denn der Arzt hält den Glauben an die Mondrhythmen und deren Wirkung auf die Heilkraft der Pflanzen für wissenschaftlich nachweisbaren Unsinn. Dies hatte er dem Pfarrer mitgeteilt. Anna wird nun vom Pfarrer aufgefordert, endlich aufzuhören, den Frauen ihren abergläubischen Unsinn von der Kraft des Mondlichtes und der Bedeutung der Sternkonstellationen bei der Geburt eines Kindes zu erzählen; das sei gotteslästerlich. Die Hebamme Anna beruft sich auf Generationen von Hebammen in ihrer Familie, die schon immer so gedacht und gearbeitet haben. Sie alle waren als gute Wehmütter bekannt. Dem hält der Pfarrer entgegen, daß schon vor über hundert Jahren ein solcher Zauberglaube durch die ehrwürdigen Bischöfe verboten worden sei. Anna Kunkel erwidert nichts mehr, doch innerlich ist sie empört über so viel Unverstand. Aber woher sollen ein Pfarrer und ein Stadtarzt auch besser Bescheid wissen, haben sie doch mit Frauensachen nichts zu tun. Anna ist auch strikt dagegen, daß sich Männer hier einmischen. Das sei wider die Natur, sagt sie immer zu ihrer Lehrtochter Christina.

Als die Hebamme Anna nach dieser Ermahnung durch den Pfarrer nach Hause kommt, ist das Lehrmädchen Christina zur Bierbrauerin Johanna vom Stadttor gegangen, die ein Kind erwartet. Als Anna im Haus der Bierbrauerin ankommt, hat Christina bereits einen Trank zur Linderung der Wehenschmerzen aus Bärwurz, Haarstrang und Löwenschwanz bereitet. Johanna sitzt schon auf dem Gebärstuhl, dessen Sitzfläche u-förmig ausgeschnitten ist (S. 114, Nr. 125), so daß die Hebamme die halb zurückgelehnt sitzende Gebärende bequem untersuchen und den Verlauf der Geburt genau verfolgen kann (S. 113, Nr. 121). Anna nimmt ihren Platz auf einem kleinen Schemel zwischen den Beinen von Johanna ein. Sie weist zwei Nachbarinnen, die zur Hilfe gekommen sind, an, sich hinter die Gebärende zu stellen, ihr den Rücken zu massieren und die warmen Tücher um Johannas Rücken auszuwechseln. Da die Wehen nicht so recht vorangehen, wird Christina aufgefordert, einen wehentreibenden Sud aus Raute, Salbei und Crocos aufzubrühen. Die Frauen unterstützen die gebärende Johanna, indem sie rhythmisch mit ihr mitatmen und ihr nach Anweisung der Hebamme mit den Händen leicht den Leib pressen. Anna hat ihre Hände und Johannas Geschlechtsteile mit Rosmarinöl eingerieben. Zwischendurch untersucht sie immer wieder den Gebärmuttermund und dehnt vorsichtig die etwas zu straffe Muskulatur der Vagina. Endlich ist es soweit; der Kopf des Kindes tritt in den Geburtskanal ein. Das Lehrmädchen Christina muß nun fest das Gesäß der Gebärenden zusammendrücken, während die Hebamme vorsichtig mit den Händen unter den Kopf des Kindes fährt und ihn leicht vom hinteren Leib wegdrückt. Auf diese Weise will sie einem Dammriß vorbeugen.

Endlich ist das Kind da. Es ist ein Mädchen. Johanna freut sich, denn so hat sie eine Nachfolgerin für ihr Bierbraugewerbe. Wäre es ein Junge geworden, so hätte er das Schneiderhandwerk des Vaters fortführen sollen. Die Hebamme durchtrennt nun die Nabelschnur, untersucht und badet das Neugeborene (S. 116, Nr. 129). Die Nachgeburt kommt erst, nachdem Christina und Anna die Wöchnerin kräftig massiert und ihr ein Niesmittel gegeben haben. Das kräftige Niesen regt die gesamte Muskulatur so an, daß die Nachgeburt ausgestoßen wird.

Bald danach kommen Nachbarinnen, Freundinnen und Verwandte mit Geschenken, und ein fröhliches Fest beginnt (S. 115, Nr. 127, 128). Bei gutem Essen und starkem Bier vergnügen sich die Frauen, indem Geschichten von anderen Geburtsfesten und über die gute alte Zeit erzählt werden, als noch ganz anders gefeiert wurde.

Das Fest geht bis weit in die Nacht hinein. Auf dem Weg nach Hause bedrängt Christina die Hebamme Anna, ihr doch noch einmal das Lied von den drei besoffenen Weibern vorzusingen. Anna zögert, denn es ist verboten, nachts auf den Straßen zu lärmen. Doch das Bier hat sie lustig gestimmt, und so tut sie dem Lehrmädchen den Gefallen.

Ein Liedlein wollen wir singen,
Ein Liedlein so hübsch und fein.
Und wie die drei besoffenen Weiber
Zusammenkommen sein.

Die erste sprach mit Freuden:
«Ich weiß einen kühlen Wein,

Eine Halbe wollen wir's trinken,
Weil wir's beisammen sein.»

Die zweite sprach ganz trutzig:
«Eine Halbe trink ich nicht,
Mein Mann der ist zuhause,
Meinem Mann dem trau ich nicht.»

Die dritte sprach ganz zornig:
«Was fragst du nach dein' Mann,
Dein Mann der braucht's nicht wissen,
Was wir als Weiber tun.»

Sie gingen nun ins Wirtshaus
Und ja so geschwind:
«Herr Wirt verschaff uns Essen,
Ein schweinernes Bratl geschwind.»

Und wie die Weiber gegessen haben
Drei Dutzend Bratwürst,
Aufs Trinken haben sie vergessen schon.
Wie's die Weiber dürst.

Sie trinken aus dem Krug
Wie wohl aus dem Glas,
Bis der Wein ist kommen
Auf sechsunddreißig Maß.

Der Wirt, der nahm die Kreide
Und schrieb es alles auf.
«Ihr besoffenen Weiber,
Bezahlen müßt ihr aus!»

Es hat eine jede drei Taler
Sie zahlen tapfer aus,
Bis die dritte muß ziehen
Ihr gescheckstes Kleidlein aus.

Und wie die Weiber nach Hause kommen,
Der Mann schaut beim Fenster heraus:
«Ei, du besoffenes Luder,
Hast du dein Kleidlein draus.»

Sie nahm ihn bei dem Bart
Und riß ihn ja so hart,
Bis das Blut tut fließen
Wohl über den Bart herab[49].

Zwei Jahre später hat sich die Situation der Hebammen und das Ausmaß der Festlichkeiten sehr verändert. Der Stadtrat hat eine Ordnung erlassen, die den ausschweifenden Feiern Einhalt gebieten sollen:

1. Grundsätzlich ist es der Wöchnerin nur noch am ersten und letzten Tag des sechswöchigen Kindbettes erlaubt, ein gemeinsames Mal mit anderen Frauen abzuhalten. Doch dürfen es nicht mehr als drei Frauen sein. Es darf nur noch Kuchen und gewöhnliches Konfekt, rohes Obst, Brot und Wein gereicht werden.

2. Ausschweifende Feiern nach der Kindstaufe sind grundsätzlich verboten. Zur Taufe sollen nicht mehr als fünf Frauen mitgehen.

3. Zum ersten Kirchgang und zum ersten Besuch der öffentlichen Badestube sollen nicht mehr als sieben Frauen mit der Wöchnerin mitgehen.

4. Besonders die Hebammen sind aufgefordert zu kontrollieren, daß die Frauen sich an diese Ordnung halten.

Im gleichen Jahr macht das Lehrmädchen Christina ihre Prüfung als Hebamme. Anna Kunkel bescheinigt ihr, daß sie nun alle wichtigen Kräuter zur Herstellung von Tees, Tinkturen und Salben kenne, die für das leibliche Wohl der Schwangeren und die Linderung der Schmerzen bei der Geburt wichtig sind. Des weiteren besitze Christina ausreichend Geschicklichkeit und Feinheit im Gebrauch der Hände, so daß sie dem Kind und der Gebärenden auch in schwierigen Fällen helfen könne. Ebenso habe sie ein großes Wissen über die Geburtsglieder der Frau, den Zustand des Kindes im Leib der Mutter und über beider Gesundheit nach der Geburt erworben.

Zuerst muß sich Christina einer Befragung durch den Pfarrer unterziehen, damit die Gewähr gegeben ist, daß sie eine Nottaufe ordentlich auszuführen weiß und ihre Pflicht zur Ausführung des Kaiserschnitts zur Rettung der Seele des Neugeborenen ernstnimmt. Diese Pflicht, den Schnitt am Leib der Mutter auszuführen (S. 112, Nr. 118), wenn diese im Sterben liegt, mißfällt Christina sehr: Wie oft hat man schon gedacht, mit der Frau geht es zu Ende – und dann kam sie doch wieder zu sich. Christina schwört sich innerlich, ebenso wie die meisten anderen Hebammen in der Stadt, diese Anordnung so oft und so gut es geht einfach zu ignorieren. Doch davon sagt sie dem Pfarrer natürlich nichts.

Am nächsten Tag hat Christina vor dem Stadtarzt und den ehrbaren Frauen ihre eigentliche Prüfung abzulegen. Anna Kunkel findet es unschicklich und widersinnig, daß ein Mann, ein reiner Buchgelehrter, das Wissen einer Hebamme zu prüfen hat. Woher soll denn so einer die Erfahrung und die Kenntnisse hierfür haben? Früher haben die Hebammen ihre Lehrmädchen geprüft, allenfalls die ehrbaren Frauen; die hatten aber wenigstens Erfahrungen – aber jetzt! Anna schärft Christina ein, ja nicht mehr zu sagen, als sie gefragt wird. Vor allem solle sie nichts über die Kräuter für den regelmäßigen monatlichen Fluß der Frauen und gegen allzu reichen Kindersegen sagen. Denn erst vor einigen Monaten hat der Stadtarzt einer Hebamme gedroht, sie wegen Zauberei und gotteslästerlichem Treiben anzuzeigen, weil diese mit ihm einen Streit über solche Kräutermittel angefangen hat.

Christina ist klug genug, diesem Rat zu folgen. Sie beantwortet geschickt alle Fragen, und zum Schluß wird von allen Anwesenden befunden, daß sie eine gute Hebamme sei. Nun wird Christina aus der Hebammenordnung vorgelesen, die vor drei Jahren vom Rat der Stadt beschlossen worden ist. Feierlich beginnt der Stadtarzt zu lesen:

«Item zum Ersteren soll ihrer jede willige gehen, ohne Eintrag und Widerrede kommen zu welcher schwangeren Frauen allhier sie in der Stadt gefordert wird, sei arm oder reich, sie habe zu lohnen oder nicht; allein zu keiner Jüdin sollen sie nicht kommen ... Und wo ... sie gewahr werden, daß eine ungeschworene Hebamme bei einer gebärenden Frau gewesen ist, der mögen sie das Kindlein nehmen und sollen die selbige Hebamme bringen vor die Frauen, die ihnen vorgesetzt sind, zu einem Verhör, ob sie zu solchem Werk etwas könne oder sich ihm widmen wolle.

Item die Hebammen sollen sich im Trinken mäßigen, Weins und Meth sich enthalten bis es ihnen gelungen ist. Und welche sich davor nicht hütet, solange die gebärende Frau arbeitet, die soll ernstlich darum ohne Gnade gestraft werden ...

Item zu welcher Frau auch eine Hebamme gefordert wird, will man darselbst zu ihr noch eine oder mehr haben, so soll sie das gutwillig zugeben und gehorsam sein, mit der oder denselben, die zu ihr gefordert kommen und dabei sind treulich zu teilen ohne Widerspruch. Und es soll keine Hebamme von der Frau gehen, zu der sie gefordert ist, ob eine Reiche, die besser zu lohnen hat, oder eine andere, der sie lieber dienen möchte, nach ihr schickt, solange bis sie ganz fertig sind.

Item wo eine Hebamme mit einer gebärenden Frau arbeitet, ereignet sich daselbst etwas, weswegen zu sorgen ist, so soll die Hebamme zur Stund noch um eine Hebamme schicken, denn ihrer keine soll das Wagnis allein auf sich nehmen»[50].

So geht es noch eine Weile mit dem Verlesen der Anordnungen und Ermahnungen weiter. Zum Schluß gelobt Christina, sich an alle Anweisungen der Hebammenordnung zu halten, und schwört dies bei ihrer fraulichen Ehre.

Christina geht in den folgenden Jahren gründlich und gewissenhaft ihrer Arbeit nach. Nach zehn Jahren wird sie sogar zur städtischen Hebamme bestellt, was für sie eine Sicherung im Alter bedeutet. Außerdem hofft Christina, als städtische Hebamme gegen Verdächtigungen besser geschützt zu sein. Denn in den letzten Jahren wird immer häufiger geklatscht und gemunkelt, wenn ein Kind bei der Geburt stirbt oder nicht gesund ist. Gleich heißt es, ob denn wohl alles mit rechten Dingen zugegangen sei, oder ob vielleicht der Teufel mit im Spiel war. Desgleichen wird immer öfter von bösem Zauber gesprochen, wenn die Frauen zu den Hebammen gehen, um sich Kräuter für den ausbleibenden monatlichen Fluß geben zu lassen. Schuld daran ist vor allem die Geistlichkeit, meint Christina. Die machen sich's leicht, immer wenn etwas passiert, dann war's der Teufel mit seinen Zauberinnen und Hexen. Erst vor kurzem haben fahrende Leute erzählt, in der Diözese Konstanz sei eine Hebamme als Hexe verbrannt worden.

Christina weiß zu diesem Zeitpunkt noch nicht, daß vor kurzem zwei Geistliche ein Buch geschrieben haben, in dem sie nicht nur die Frauen allgemein, sondern insbesondere die Hebammen der Hexerei bezichtigen. In diesem Buch mit dem Titel «Malleus maleficarum» – auch der «Hexenhammer» genannt – schreiben die beiden Dominikaner Jakob Sprenger und Heinrich Institoris:

«Niemand schadet dem katholischen Glauben mehr als die Hebammen. Denn wenn sie die Kinder nicht töten, dann tragen sie, gleich als wollten sie etwas besorgen, die Kinder aus der Kammer hinaus, und sie in die Luft hebend opfern sie dieselben den Dämomen»[51].

Diese angeblichen Dämonenopfer sollten in den nächsten 150 Jahren den Hebammen zum Verhängnis werden und einen Großteil von ihnen das Leben kosten.

IX

«UND DU WIRST IMMER DIE ERSTE HEXE SEIN ...»

Der mittelalterliche Glaube an Frauen, die mit magischen Kräften ausgestattet sind und Gutes wie Böses bewirken können, hat seine Wurzeln in uralten Zeiten. Namen weiblicher Gottheiten, wie Diana, Aradia (ihre Tochter), Holda (Frau Holle) oder Freyja stehen mit der Vorstellung der nächtlichen Flüge von Frauen, ihres Einflusses auf die Fruchtbarkeit von Tier und Mensch sowie von geheimen ausschweifenden sexuellen Feiern in Verbindung. Im frühen Mittelalter bemühte sich die Geistlichkeit, den Volksglauben, Frauen würden nachts in Scharen mit der Göttin Diana durch die Lüfte reiten, energisch zu bekämpfen. Bis zum 13. Jahrhundert wird der Glaube an Magie, Zauberei und an Dämonen als heidnischer Unfug abgetan. Erst danach gibt die Kirche die Existenz von sogenannten Hexen, Nachtflügen und bösen Zauberwerken als Teufelswerk aus. Aus diesem Glauben an die reale Existenz solcher Dinge erwächst die Verfolgung der Ketzerinnen und Ketzer.

Die Vorstellung von Frauen als Werkzeug des Teufels auf Erden verdichtet sich bis zum Ende des 15. Jahrhunderts. Zu diesem Zeitpunkt wird eine theologische Ausarbeitung über die Hexerei, für die vor allem Frauen anfällig seien, vorgenommen.

Doch in den alten Volkserzählungen und im frühen Volksglauben sind die sogenannten Hexen, die zeitweilig auch noch «weise Frauen» genannt werden, eigenständige Personen. Der Teufel oder dominierende männliche Figuren einer Dämonen- oder Zauberwelt spielen dabei keine Rolle. Der Glaube an die Göttin Diana hat sich bis nach Deutschland verbreitet und blieb lange erhalten. Diana gehört zu den alten Muttergottheiten. Als Diana von Ephesus galt sie als große Lebensspenderin, Ernährerin der Menschen und Tiere. Als Verkörperung der Fruchtbarkeit der Erde konnte sie aber ebenso Ernten vernichten. Verschiedene Autorinnen und Autoren halten es für keinen Zufall, daß die Kirche gerade in Ephesus auf einem Konzil 431 Maria zur Mutter Gottes und der Menschen deklarierte, also an dem Ort, der als Sitz der Göttin Diana gilt. Die «Entthronung» der Göttin gelang der Kirche im Volksglauben aber lange Zeit nicht. So wurden gerade die Anhängerinnen dieses Glaubens verteufelt und als Hexen bezeichnet. Woher die Verbindung starker Frauenpersönlichkeiten – als Widersacherinnen von Obrigkeit und Staat – mit dem Hexenbegriff kommt, mag folgende in Versen gefaßte Erzählung deutlich machen. Diana erteilt ihrer Tochter Aradia folgenden Auftrag auf Erden:

«Und du wirst immer die erste Hexe sein,
Die erste Hexe, die auf die Erde kam.
Und du wirst die Künste des Vergiftens lehren,
Zu vergiften alle Herren,
Damit sie sterben in ihren Palästen.
Und du wirst lehren,
Den Geist der Unterdrücker mit Zauberkraft zu bannen.
Und wo immer sich ein reicher, geiziger Bauer findet,
Wirst du die Hexen, deine Schüler, lehren,
Seine Ernte mit schrecklichen Stürmen zu verwüsten,
Mit Blitz und Donner, Hagel und Regen.
Und wenn ein Priester dich beleidigt,
Mit seinen Segenssprüchen,
Wirst du dich rächen in meinem Namen,
Im Namen Dianas, der Königin der Hexen.
Und wenn die Herren und Priester dir befehlen,
An Vater, Sohn und die heilige Jungfrau zu glauben,
So antworte ihnen: Eure Götter sind drei Teufel
...
Der wahre Gott ist nicht der Eure,
Denn ich bin gekommen,
Die schlechten Menschen zu vernichten,
Und ich werde sie vernichten!
Ihr aber, die ihr unter Armut und Hunger leidet,

131 Eine alte Frau (Vettel) wird als Hexe mit ihrem Hilfsgeist (Familiar) auf den Schultern dargestellt. Detail aus einem Blatt des «Weißkunig». Holzschnitt von H. Burgmair. Um 1512

132 Alte Frau wird als Symbol des Neides dargestellt. Georg Pencz. 1534

133 «Saul und die Hexe von Endor. Saul spricht mit Samuels Geist».
H. H. Schönfeld. Erste Hälfte des 17. Jh.

134 «Haeresis Dea». Die Göttliche Häresie.
A. Eisenhut. Ende des 16. Jh.

Die ihr leidet unter schlechter Arbeit und
Gefangenschaft,
Ihr habt eine Seele, eine bessere Seele,
Und in der anderen Welt werdet ihr glücklich
sein»[52].

Wieviel von dem nordischen Göttinnenglauben im Mittelalter und zu Beginn der Neuzeit noch vorhanden war, zeigte ich bereits in dem ersten Kapitel über Frauen auf dem Land an der Figur der «Frau Holle», die uns aus alten Märchen bekannt ist. Es sind aber auch viele Symbole, die in Bildern «überlebt» haben, wobei unklar ist, inwieweit den Künstlern selbst die ursprüngliche Bedeutung noch bekannt war.

Auf Seite 123 (Nr. 131) finden wir eine Frau, die als «alte Vettel», als Hexe dargestellt wird. Der «Familiar», der hier als Hilfsgeist bezeichnet wird, entspringt dem germanischen Glauben, daß sich einzelne Geister zu den Häusern der Menschen gesellen, ihnen unsichtbar gute Dienste leisten und bei der Arbeit zur Hand gehen. Wer einen solchen guten Geist besitzt, durfte sich glücklich schätzen. Auf dieser Abbildung ist davon allerdings nichts mehr zu erkennen. Es ist die sehr häufig vorkommende Art, alte Frauen als Hexen mit einem teuflischen Wesen zusammen darzustellen. Auch das Bild daneben (S. 123, Nr. 132) ist recht aufschlußreich. Eine alte Frau wird hier als Symbol des Neides benutzt, so jedenfalls lautet der Titel des Bildes. Die Schlange soll hier offensichtlich schon für «Falschheit» stehen. Eigentlich ist die Schlange aber das älteste Fruchtbarkeitssymbol und genießt in allen alten matriarchalen Hochkulturen große Achtung. Die Hörner auf dem Kopf der Frau scheinen zunächst keinen Sinn zu ergeben. Wenn frau/man aber weiß, daß die Stierhörner mit Sexualität und Fruchtbarkeit in Zusammenhang stehen, erscheint dieses Bild in einem anderen Licht. Hinzu kommt noch die Spinne auf der Brust: Spinne, Spinnen als Sinnbilder für das Weben des Lebens- und Schicksalsfadens. Der Skorpion ist das astrologische Zeichen des Todes. Auch auf anderen Bildern tauchen Symbole aus alten matriarchalen Mythen auf, wie beispielsweise auf der Seite 125 (Nr. 134) «Die göttliche Häresie». Hier finden sich der Stierkopf und die Schlange wieder, hinzu kommt das drachenähnliche Wesen. Der Drache steht für Tod bzw. die Todesgöttin. Tod oder Todesgöttin steht in den alten matriarchalen Glaubensformen für Fahrt in und durch die Unterwelt. Tod und Wiedergeburt werden dabei mit Winter (Tod, Fahrt durch die Unterwelt) und Frühling (Wiedergeburt) in Verbindung gebracht. Es ist interessant, daß die Frau, die hier mit Fruchtbarkeits- und Todessymbolen ausgestattet ist, als Verkörperung der Ketzerei (Häresie) dargestellt wird. Auch die Abbildung auf Seite 124 (Nr. 133) «Saul und die Hexe von Endor» verleugnet den älteren und auch anderen Hintergrund dieser alttestamentarischen Gestalten. Diese angebliche Hexe ist in der biblischen Erzählung eine «Totengeistbeschwörerin», eine «weise Frau», die zwischen den Geistern der Toten und den lebendigen Menschen vermittelnde Funktionen einnimmt. Saul will nämlich den Geist Samuels, seines Lehrers, anrufen bzw. befragen, deshalb geht er zu dieser Frau. Samuel erscheint der Frau von Endor und gibt ihr eine Nachricht für Saul. In ihrem magischen, astrologischen Kreis, in dem die «Hexe von Endor» auf diesem Bild des 17. Jahrhunderts dargestellt wird, finden sich auch alte Symbole wie die Schlange und die Eule (Klugheit, «Sehen» im tieferen Sinne).

Sieht frau/man sich die Bilder auf Seite 128 (Nr. 137, 138) genauer an, finden sich wieder bestimmte Tiere und Symbole. Die beiden Hexen, die gerade ein Unwetter bereiten, verkochen Schlange und Hahn in dem Sud, also ebenfalls wieder Tiere, die als Fruchtbarkeitssymbole gelten. Die Hexe, die eine Kuh verzaubert, um ihr die Milch zu nehmen, kniet in einem Pentagramm, einem der ältesten magischen Heilsymbole.

Diese Beispiele mögen genügen, um Anhaltspunkte für die genauere Betrachtung der anderen Bilder und ihrer Symboliken zu geben.

Das Wissen um die tieferliegenden Wurzeln des Hexenglaubens und das Fortwirken alter Glaubensstrukturen in einer bestimmten Art bildlicher Darstellung kann aber nur wenig Trost bieten angesichts der grausamen Hexenverfolgungen. Ich überspringe hier den Zeitraum der Ketzer(innen)-Verfolgungen, in denen es auch schon vereinzelt zum Vorwurf der Zauberei kommt. Ich möchte dort anknüpfen, wo die ersten großen Hexenverfolgungen in Deutschland beginnen. Zu diesem Zeitpunkt, am Ende des 15. Jahrhunderts, ist die Hexe schon lange eine Person, die nicht selbständig handelt, sondern als Werkzeug des Teufels auf Erden gilt. Gerade diese Definition der Hexe macht es den Inquisitoren so leicht, die Ausrottung der Hexen zu verlangen und sie als Kampf gegen den Teufel

135 Heirat aus Eigennutz. Der Eigennutz wird in Gestalt einer weiblichen Teufelsfigur dargestellt. H. Goltzius. 16. Jh.

136 «Teufelsbuhlschaft». Holzschnitt aus U. Molitor: «De Lamiis et phitonicis mulieribus» (Von den Unholden und Hexen). 1489

137 Zwei Frauen, die als Hexen beim Herbeizaubern von Hagelunwetter dargestellt werden. U. Molitor: «De Lamiis …». 1489

138 «Die in dem Pentagramm (magisches Heilsymbol ursprünglich) kniende Frau soll eine Hexe beim Verzaubern einer Kuh darstellen. Holzschnitt aus H. Vinther: Tugend-Spiegel 1486

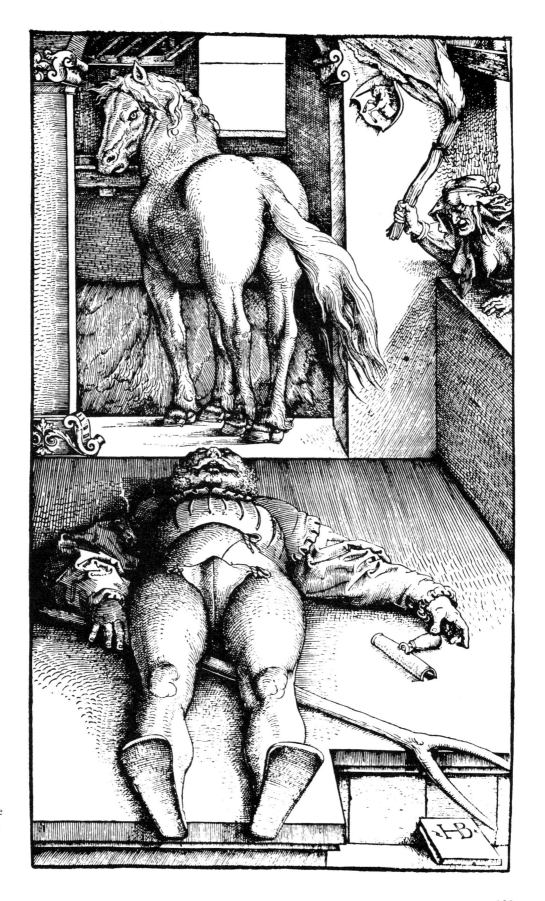

139 «Der behexte Stallknecht». H. B. Grien. Anfang des 16. Jh.

140 «Die Wetterhexen». H. B. Grien. 1523

141 Frauen brauen einen Trank. H. B. Grien. Anfang des 16. Jh

auszugeben. Die Frauen sind nur Mittlerinnen des Bösen, deswegen richten sich Verfolgung, Folterung zum «Herauspressen» der teuflischen Missetaten etc. nicht gegen die Frauen «persönlich». Im Gegenteil, es dient letztendlich zu ihrem eigenen Besten, vor allem, damit ihre Seele dem Teufel wieder entrissen werden kann.

> Als mit feingestochener Schrift,
> die Inquisitoren verspritzten ihr Gift,
> der heilige Vater den Segen gab,
> daß man unbequemen Frauen den Namen Hexe gab.
>
> Institoris und Sprenger ihre Namen waren
> und als dann die Geschichte ihren Fortgang nahm,
> verschwieg man in dezenter Weis',
> den Tod an Millionen Frauen,
> Kyrieleis![52]

Wir schreiben das Jahr 1484. Es ist die Zeit, in der die Frauen aus den qualifizierten Berufen verdrängt werden, in der auch die Beginen, die Prostituierten und Hebammen in zunehmende Schwierigkeiten geraten. In Deutschland kämpfen seit geraumer Zeit zwei vom Papst eingesetzte Inquisitoren gegen Ketzerei und Hexenwesen. Sie sind in einigen Gegenden jedoch auf den Widerstand geistlicher und weltlicher Herrscher gestoßen. Daraufhin verfaßt Papst Innozenz VIII. – auf deutsch «der Unschuldige» – die «Hexenbulle». Sie enthält die wichtigsten Vorwürfe gegen die Hexen: Schadenszauber an Menschen, Tieren und der Ernte, Unfruchtbarkeitszauber an Frauen und Männern, Leugnung des christlichen Glaubens und vieles mehr.

Die Bischöfe werden vom Papst ermahnt, seine «geliebten Söhne» Heinrich Institoris und Jakob Sprenger beim Aufspüren der Hexen und Zauberer und bei deren Bestrafung an Leib und Vermögen tatkräftig zu unterstützen. Immerhin fällt das Vermögen der Verurteilten der weltlichen und geistlichen Obrigkeit zu. Obwohl in den beiden letzten Jahrzehnten des 15. Jahrhunderts die ersten großen Hexenverfolgungen stattfinden, sind die beiden Inquisitoren Sprenger und Institoris nicht zufrieden mit ihrem Ausrottungsfeldzug. 1487 verfassen sie unter Berufung auf die Hexenbulle des Papstes den «Hexenhammer». Dieses Buch wird zum Meilenstein in der Leidensgeschichte der Frau. Institoris und Sprenger wollen mit diesem «Grundlagenwerk» nachweisen, wie aus der «Schändlichkeit der Natur des Weibes» ihr Hang zur Hexerei entsteht. Daraus erklärt sich auch, daß vorwiegend Frauen Opfer der Hexenpogrome werden.

Der Hexenhammer enthält genaue Beschreibungen von Hexen und sagt, woran sie zu erkennen sind. Ebenso werden ihre einzelnen Verbrechen, wie der vermeintliche Schadenszauber an Tieren, Menschen und Ernten, beschrieben. Im letzten Teil des Buches werden Anweisungen für die Verhöre, Folterungen und Bestrafungen gegeben. Die einfache Denunziation einer Person soll jetzt für die Anklage ausreichen. Das Aufspüren, Verhören und Überführen der Hexen wünschen sich die Inquisitoren weiterhin als ihren Bereich, doch die Aburteilung und Verbrennung soll die weltliche Gerichtsbarkeit übernehmen. Denn es geht ja nun nicht mehr «nur» um den Glaubensabfall wie bei der Ketzerei, sondern um sehr weltliche Dinge wie Schädigung der Ernte, der Menschen und der Tiere. Ab 1520 fallen dann auch die Prozesse bzw. die Urteilsprechung und der Strafvollzug in den Bereich der weltlichen Gerichtsbarkeit. Im folgenden ein paar «Kostproben» aus diesem Mach(t)-Werk:

> «Es frommt nicht zu heiraten. Was ist das Weib anders als die Feindin der Freundschaft, eine unentrinnbare Strafe, ein notwendiges Übel, eine natürliche Versuchung, ein wünschenswertes Unglück, eine häusliche Gefahr, ein ergötzlicher Schade, ein Mangel der Natur, mit schöner Farbe gemalt? ...
>
> Ein schönes und zuchtloses Weib ist wie ein goldener Reif in der Nase der Sau. Der Grund ist ein von der Natur entnommener: weil es fleischlicher gesinnt ist als der Mann, wie aus den vielen fleischlichen Unflatereien ersichtlich ist. Diese Mängel werden auch gekennzeichnet bei der Schaffung des ersten Weibes, indem sie aus einer krummen Rippe geformt wurde, das heißt, aus einer Brustrippe, die gekrümmt und gleichsam dem Mann entgegengeneigt ist. Aus diesem Mangel geht auch hervor, daß, da das Weib nur ein unvollkommen Tier ist, es immer täuscht. ...
>
> Also schlecht ist das Weib von Natur, da es schneller am Glauben zweifelt, auch schneller den Glauben ableugnet, was die Grundlage für die Hexerei ist. ...

142 Das Bild wird in der Regel als «Drei Hexen beim Einsalben» benannt. H. B. Grien. 1514

143 «Eigentlicher Entwurf und Abbildung des Gottlosen und verfluchten Zauberfestes.» M. Herr. Erste Hälfte des 17. Jh. Hexensabbat auf

dem berühmten Blocksberg

144 Wasserprobe. Vermutlich Anfang 18. Jh.

145 Folterszene. Anonymes Flugblatt 16. Jh.

146 Folter durch Zwangseinflößen von Wasser zum Erpressen von Geständnissen. R. de Moraine

147 «Anne Heinrichs zu Amsterdam verbrent» 1571. Kupfer von Jan Luyken. 1685

148 Vier Frauen werden als Hexen erhängt und drei weitere warten auf ihre Hinrichtung. Rechts im Bild erhält ein englischer «Hexenjäger» seinen Lohn von einem örtlichen Schreiberling. Federzeichnung, entdeckt 1655

149 «Ursel, Schulmeysterin zu Yardricht (Mastricht), jämmerlich gepeiniget, gepeitschet und darnach verbrent. Anno 1570». Illustration von Jan Luyken zu einem Buch aus dem Jahre 1685

150 Brutale Entkleidung einer Frau zur Vorbereitung auf eine «peinliche Befragung», das heißt der Folter. Alle typischen Marterinstrumente, auch ganz rechts die Streckbank, sind zu sehen. Geistliche und weltliche Peiniger und die Folterknechte sind versammelt. Stich von F. Piloty. Wahrscheinlich Anfang des 19. Jh.

151 Anna Schultzin, in Eisen und schwere Ketten gelegt im Gefängnis, offensichtlich als Hexe angeklagt. Der ‹Selbstbezichtigungstext› unter dem Bild ist entweder aus einem erpreßten Geständnis oder entspringt der Phantasie des Verfassers. Wahrscheinlich 16. Jh. Der Text unter dem Bild hat folgende Bedeutung: Anna Schultzin, verwitwete Sotmeyerin. Ich bin vollkommen aus der Quintessenz aller Bosheit gemacht. Mein Leser zweifle nicht. Wenn Du bedenkst, was ich im Sterben an Feuer und Mord noch anrichten kann, so wirst Du erkennen, daß ich eine Märtyrerin des Teufels genannt werden muß

152 Die Hexen im Fürstentum Jülich. Kopf eines Flugblattes. 1591. Das Bild stellt sowohl das Treiben der als Hexen bezeichneten Personen dar, z.B. in Gestalt von Werwölfen Dörfer zu überfallen, als auch die Verhaftung, Verurteilung und Verbrennung der Frauen

153 Flugblatt über eine Hexenverbrennung in Derneburg, aus dem Jahr 1555

154 Hexenverbrennung auf dem Marktplatz von Guernesey. Der offene Leib der einen Frau und das Kind im Feuer sollen offensichtlich andeuten, daß man nicht davor zurückschreckte, Schwangere ebenfalls zu verbrennen. Stich aus dem 16. Jh.

155 Öffentliche Massenverbrennung von Frauen als Hexen.
Radierung von Jan Luyken. Erste Hälfte des 17. Jh.

Hier könnte noch mehr ausgeführt werden; aber den Verständigen ist hinreichende Klarheit geworden, daß es kein Wunder, wenn von der Ketzerei der Hexer mehr Weiber als Männer besudelt gefunden werden. Daher ist auch folgerichtig, die Ketzerei nicht zu nennen die der *Hexer* sondern die der *Hexen*. ... und gepriesen sei der Höchste, der das männliche Geschlecht vor solcher Schändlichkeit bis heute so wohl bewahrte»[54].

Diese Aussagen enthalten alle Elemente der klerikalen Frauenfeindlichkeit und hochneurotischen männlichen Angst vor dem Weiblichen, insbesondere vor der sexuellen Kraft der Frau. Die Befragungen von Frauen, die der Hexerei verdächtigt werden, spiegeln oft genug Impotenzängste und ausschweifende sexuelle Phantasien der Befrager wider. Angst vor der weiblichen Sexualität, vor besonderen magischen Kräften und den Möglichkeiten der Frauen, Verhütung zu praktizieren, sowie die Angst vor der «Unzucht mit dem eigenen Geschlecht» finden sich bei den meisten Verhören und Verurteilungen als tieferer Hintergrund. Daß gerade die «Hexen-Hebammen», wie die beiden Inquisitoren sie nennen, Zielscheibe der Verfolgungen werden, wundert nicht. Denn sie haben ja nicht nur den «Zugang» zur Seele des Neugeborenen, die sie dem Teufel beliebig verschreiben können, sondern sie haben auch die Kenntnisse über Verhütung und Abtreibung. Diese können den Frauen erst die Möglichkeiten zu einem ausschweifenden sexuellen Leben geben. Außerdem geht man(n) davon aus, daß diese Hexen-Hebammen ebenfalls in der Lage sind, den Männern Impotenz anzuhexen.

Nun gibt es aber einige gute Christen, die erhebliche Zweifel daran haben, ob und wieso Gott all solche Scheußlichkeiten zulasse. Es entsteht die Frage, ob denn der Teufel mehr Macht auf Erden habe als Gott. Diese Frage wird mit einem entschiedenen Nein von den Inquisitoren beantwortet. Gott läßt dies, ihrer Auffassung nach, nur zu, weil damit die wirklichen Gläubigen und Auserwählten sich in ihrem Widerstand gegen das Böse beweisen können. Einigen Menschen scheint auch nicht einsichtig zu sein, wieso Gott an der Zeugungskraft mehr Hexerei geschehen lasse als an anderen Dingen. Sprenger und Institoris antworten darauf: «... Es geschieht nämlich wegen der Scheußlichkeit des Aktes, und weil die Erbsünde, durch die Schuld der ersten Eltern verhängt, durch jene Handlung übertragen wird ...»[55]. Also die Strafe Gottes für Sexualität, ja allgemein für die von Eva verursachte Erbsünde. Sie aß vom Baum der Erkenntnis. Erst hörte die Frau auf die Schlange, nun auf den leibhaftigen Teufel, um erneut Unglück über die Menschen zu bringen. In einer Zeit wie dem ausgehenden 15. Jahrhundert, in der sich wirtschaftliche Not ausbreitet und die ersten Bauernunruhen das Land erschüttern, ist das Paradies, aus dem der Mensch durch die Schuld der Frau vertrieben wurde, ferner denn je.

Nachdem in der ersten Hälfte des 16. Jahrhunderts die Verfolgungswelle wieder schwächer wird, setzt um 1560 eine zweite, noch schrecklichere ein, die ihren Höhepunkt zwischen 1580 und 1630 erreicht. Es gibt keine Unterschiede in der Intensität und Grausamkeit der Verfolgung zwischen den protestantischen und den katholischen Gebieten. Luthers Hexenbild ist genauso unerschütterlich und unerbittlich:

«Darum kann der Teufel durch seine Huren und Zauberinnen, den armen Kindlein viel Schaden tun, als mit Herzdrücken und Blindheit ...»

Die Hexen sind

«... die bloßen Teufelshuren, die da Milch stelen, Wetter machen, auff Bock und Besen reytten, die Kind ynn Wigen marttern, die ehlich Gliedmaß bexaubern und desgleychen ... Mit Hexen und Zauberinnen soll man (also) keine Barmherzigkeit haben. Ich wollte sie selber verbrennen»[56].

Das 16. und 17. Jahrhundert gehören nach unserem Geschichtsverständnis nicht mehr zum «finsteren Mittelalter», sondern zur fortschrittlichen Neuzeit, der Zeit des Humanismus und des rationalen naturwissenschaftlichen Denkens. Genau in diese Zeit fällt der geschichtlich wohl größte Massenmord an Frauen. Die «Vorwürfe», die den Frauen gemacht werden, ihre Verhöre, Folterungen und qualvolle Ermordung sind in den vielen Bildern eindrucksvoll und erschreckend dokumentiert. Es sind nicht nur ältere Frauen von diesen Verfolgungen betroffen. Die Bilder zeigen junge und alte, schöne und häßliche Frauen (S. 128, Nr. 136; S. 129, Nr. 139; S. 130, Nr. 140; S. 131, Nr. 141; und S. 133, Nr. 142). Auf vielen der Abbildungen dominiert eine Sinnlichkeit ausstrahlende Frau gegenüber dem Bild der «unheimlichen» Hexe. Das gilt besonders für das

Bild «Drei Hexen beim Einsalben» (Nr. 142). Dieses Einsalben gilt als Voraussetzung für den nächtlichen Flug zum Hexensabbat. Die Zubereitung des Zaubertranks, der auch der Entfaltung besonderer hexerischer Kräfte dient, erfordert neben den Knochen kleiner Kinder Zutaten wie Eulen, Schlangen und Kröten. Alles Tiere, mit denen in früheren Gesellschaften positive Eigenschaften verbunden waren. Eines der berühmtesten Bilder über solche «Hexensabbate» ist auf Seite 134 und 135 (Nr. 143) abgebildet und enthält alle Vorstellungen, die damals kursierten.

Neben der unterschiedslosen Verfolgung von jungen und alten Frauen lassen sich auch ansonsten wenige Hinweise finden, daß die als Hexen verleumdeten Frauen nur oder hauptsächlich *einer* sozialen Schicht angehörten. Nur von den fahrenden Frauen, den Prostituierten und vor allem den Hebammen wissen wir, daß sie in besonders hohem Maß Opfer der Pogrome waren. Aber auch reiche Witwen und Handwerkerinnen finden sich unter den Verfolgten. Denn die Gelder, derer man durch die Verurteilung einer Frau als Hexe habhaft werden konnte, spielten auch eine wichtige Rolle bei der Anklage gegen eine Frau. Um sich einen solchen Hexenprozeß konkret vorstellen zu können, soll die Geschichte der städtischen Hebamme Walpurga Quendel erzählt werden[57].

PROZESS GEGEN DIE HEBAMME WALPURGA QUENDEL

Wir schreiben das Jahr 1587, und die Hebamme steht vor dem Richter, der die Anklage verliest:

«Gegenwärtige gefangene Weibsperson Walpurga Quendel wird beschuldigt, eine Hexe und Zauberin zu sein. Bei ihren nächtlichen Ausfahrten mit ihrem Teufelsbuhlen ist sie gesehen worden; ebenso kann ihre Hurerei mit dem Buhlen allein zweimal bezeugt werden. Desgleichen wird sie beschuldigt, dem Michel Klingler vor zwei Jahre eine Kuh auf der Gänseweide mit Salbe bestrichen und damit zum Tode gebracht zu haben. Außerdem soll sie der Kammerschreiberin Magdalena Seilerin etwas in den Trunk getan haben, wodurch diese ein unzeitiges Kind auf die Welt gebracht, was hernach tot war. Sie soll bei St. Leonhardt unschuldige Kinder ausgegraben haben, dann mit ihren Gespielen gefressen und die Knöchlein zur Zauberei verwendet haben.»

Walpurga ist alt und fürchtet den Tod nicht mehr. So empört sie sich über diese Anschuldigungen. Sie sei eine Hebamme, und zwar zeit ihres Lebens eine gute gewesen. «Böse Zungen gibt es überall», hält sie dem Richter entgegen, «besonders gegen den Hebammenstand. Wenn wir heilen oder wenn die Geburt gut vonstatten geht, erhebt sich keine Stimme; ist die Natur der Frau oder des Kindes aber zu schwach und kommen sie deshalb zu Tode, so war die Hebamme mit dem Teufel im Bunde». Mehr habe sie, Walpurga Quendel, nicht zu den Beschuldigungen zu sagen. Daraufhin wird Walpurga einer gütlichen Befragung, also einem Verhör ohne Folter unterzogen.

«Von wem hast du die Hexenkunst gehört und gelernt und was für Hexenkunst? Hast du auch gelernt, den Kühen die Milch zu nehmen oder Raupen zu machen, auch Nebel und dergleichen?»

Walpurga bestreitet nochmals energisch, eine Hexe zu sein. Deshalb habe sie nichts auf diese Fragen zu antworten. Fortan schweigt sie zu allen anderen Fragen:

«Hast du ein Bündnis mit dem Teufel geschlossen? Hat er eine Verschreibung mit deinem Blute von dir verlangt? Hat er auch eine Heirat oder nur eine Buhlschaft von dir begehrt? Hat er nach dem Pakt mit dir geschlafen und wie war sein Penis und sein Samen, kalt oder warm? Hat der Koitus mit dem Teufel dir bessere und größere Lust bereitet als mit einem natürlichen Mann? Hat er es mehrfach in der Nacht mit dir getrieben? Hast du dich auch wider die Natur versündigt mit dir selbst, mit Frauen, Männern oder Tieren?»

Walpurga schweigt hartnäckig weiter. Auch als ihr nächtliche Ausfahrten, Wetter machen, Verhexen von Vieh und Gotteslästerung durch Entweihung von Hostien unterstellt werden. Daraufhin wird sie am nächsten Tag der peinlichen Befragung, also der Folter unterzogen. Weitere zwei Wochen schweigt Walpurga zu den Anschuldigungen, sie wiederholt nur beharrlich, keine Hexe zu sein. Jeden Tag wird die Folter verschlimmert: Die Haare werden ihr abgeschnitten, mit Branntwein übergossen und die Stoppeln angezündet. Die Hände werden ihr auf den Rücken gebunden und der Körper hieran zur Decke für einige Stunden gezogen. Die Fußzehen und die Daumen werden ihr zusammengeschraubt und zerquetscht, ebenso die Waden. Immer wieder werden die Fragen nach den Hexereien und den Diensten für den Teufel wiederholt.

Zum Schluß läßt man Walpurga für drei Stunden auf dem «Bock» gefesselt sitzen, während ihre Peiniger zum Morgenbrot gehen. Der Holzbock hat von vorne nach hinten eine scharfe Schneide, auf die Walpurga rittlings gesetzt wird, so daß ihr Körpergewicht die Schamteile und den Damm auf die scharfe Kante des Bocks drückt. Schon nach kurzer Zeit klafft eine tiefe Wunde, und Walpurga wird ohnmächtig. Durch ihre Fesseln bleibt der Körper auf dem Bock liegen bis Mittag ein Uhr.

Als Walpurga zu sich kommt, ist sie ohne klaren Verstand. Man läßt sie in diesem Zustand ein Schuldgeständnis unterschreiben. Kurz danach wird das Urteil über sie gesprochen:

«Gegenwärtige, gefangene und gebundene, maleficische, arme Weibsperson, Walpurga Quendel, hat auf gütliches und peinliches Befragen, nach beharrlichem und gleichförmigen berechtigten Bezichtigen über ihre Hexerei bekannt und ausgesagt: Als sie vor einunddreißig Jahren im Witwenstand gewesen, hat sie dem Hans Schlumperger Korn geschnitten und mit ihr sein gewesener Knecht. Mit diesem habe sie freche Reden geführt und abgemacht, daß sie in derselbigen Nacht in ihrer Behausung Unkeuschheit treiben wollten. Als nun die Walpurga solches erwartet und nachts mit bösen fleischlichen Gedanken in ihrer Kammer gesessen, ist nicht der gedachte Knecht, sondern der böse Geist in dessen Gestalt zu ihr gekommen und hat alsbald mit ihr Unzucht getrieben. Nach vollendeter Unzucht hat sie an ihrem Buhlteufel den Geißenfuß gesehen. In der nächstfolgenden Nacht ist der böse Geist wieder zu ihr gekommen und hat verlangt, daß sie sich mit ihrem Blut verschreibe.

Ferner bekennt obgedachte Walpurga, daß sie oft mit dem Buhlteufel nachts auf einer Gabel ausgefahren ist, jedoch wegen ihres Hebammendienstes nicht zu weit. Bei den teuflischen Zusammenkünften hat sie einen guten Braten oder ein unschuldiges Kind gegessen, getrunken und mit ihrem Buhlen Hurerei getrieben.

Der Buhle hat sie auch gezwungen, die jungen Kinder bei der Geburt und noch eher sie zur heiligen Taufe gekommen sind, umzubringen. Dies hat sie auch, so viel es ihr möglich gewesen, ausgeführt. Dies hat sie wie folgt bekannt:

Vor drei Jahren ist sie in eine Mühle zu der Müllerin geholt worden, dort hat sie das Kind in das Bad fallen und ertrinken lassen. Als sie vor sechs Jahren mit der Magdalena Seilerin, Kammerschreiberin genannt, gesessen, hat sie ihr eine Salbe in den Trunk getan, wodurch diese ein unzeitiges Kind auf die Welt brachte.

Des weiteren bekennt sie, daß sie der Venedigerin, der Hefeleinin, der Landstraßerin, der Fischerin, der Weberin, der Ratsschreiberin und der Weinzieherin je ein Kind getötet hat. Dem Lienhart Geilen hat sie drei Kühe, dem Bruchbauer ein Roß und dem Michel Klingler eine Kuh zum Tode gebracht. Die Knöchlein der unschuldigen Kinder, die sie ausgegraben hat, hat sie zum Machen von Hagel gebraucht, was sie jährlich ein- oder zweimal gemacht hat.

Nach diesem allen haben Richter und Urteiler dieses peinlichen Stadtgerichtes kraft der kaiserlichen und königlichen Regalien und Freiheiten des hochwürdigen Fürsten und Bischofs, mit einhelligem Urteil endlich zu Recht erkannt, daß obgedachte, gegenwärtige Walpurga Quendel als eine schädliche, bekannte und überwiesene Hexe und Zauberin nach Inhalt der allgemeinen Rechte und der peinlichen Halsgerichtsordnung des Kaisers Carl V. und des heiligen römischen Reiches alsbald mit dem Feuer vom Leben zum Tod hingerichtet und gestraft werden soll. All ihr Hab und Gut und Verlassenschaft hat dem Fiscus unseres hochgedachten Fürsten und Herrn anheim zu fallen.»

Hunderttausende oder sogar Millionen solcher Prozesse haben stattgefunden, der überwältigende Teil der Opfer waren Frauen. Noch heute werden die Hexenverfolgungen eher als ein peinliches Kapitel der Kirchengeschichte und der neuzeitlichen Gerichtsbarkeit betrachtet. Andere sehen sie auch als letztendlich unerklärliche Massenhysterie bäuerlichen «Pöbels» an. Eine Erklärung, warum die Neuzeit mit ihrem Humanismus, ihrem rationalen und naturwissenschaftlichen Denken diese systematischen Massenmorde hervorbrachte, wird selten gegeben.

Deshalb möchte ich im abschließenden Kapitel meines Buches noch einmal zurückblicken auf die wichtigsten Aspekte der Arbeit und des Lebens der mittelalterlichen Frauen. Das 16. Jahrhundert mit seinen für die nachfolgenden Generationen von Frauen einschneidenden Veränderungen auf allen Gebieten wird auf dem Hintergrund gesamtgesellschaftlicher Entwicklungen knapp skizziert und analysiert. Mit dem Blick auf die Gründe für ein neues Frauenideal und seine Folgen bis heute soll das Buch dann seinen Abschluß finden.

X

«OB SIE SICH AUCH MÜDE UND ZULETZT TODT TRAGEN ...»

Die mittelalterliche Gesellschaft bot uns ein buntes und vielfältiges Bild des Frauenlebens. Nicht die «tüchtige» Hausfrau und Mutter, die umgeben von einer riesigen Kinderschar in der arbeitsteilig organisierten Großfamilie schaltet und waltet, begegnete uns. Sondern wir fanden Frauen auf den Villikationshöfen der Feudalherren, wo sie in den verschiedensten Positionen einfache und qualifizierte Arbeiten verrichteten. Bäuerinnen und Bauern arbeiteten gleichermaßen auf dem Hof und dem Feld und leisteten beide Dienste und Abgaben an den Feudalherrn. Geschlechtsspezifische Arbeitsteilung gab es in einigen Bereichen, doch war sie von unserer heutigen stark unterschieden. Wir sahen, daß es auf dem Land die Produktion und der Verkauf von Textilien durch die Bäuerinnen waren, die es den Familien möglich machten, die Geldabgaben an den Feudalherrn zu zahlen. Das Verlagswesen, das in diesem Zusammenhang auf dem Land entstand, bildete eine neue Produktionsweise, die vor allem mit Frauenarbeit aufgebaut wurde. Frauen waren dann auch in der sich später entwickelnden Heimarbeit und den Manufakturbetrieben die ersten Arbeitskräfte. Das gleiche galt für die Fabriken. So läßt sich rückblickend feststellen, daß Frauen nicht nur gleichermaßen an der Landarbeit teilnahmen und sie weiterentwickelten, sondern auch mit ihrer Arbeitskraft, durch ihre Ausbeutung, neue, frühindustrielle Produktionsweisen aufgebaut wurden.

Die Großfamilienidylle, die vielen Menschen heute als Bild früherer Lebensformen im Kopf herumspukt, ließ sich weder für das Land noch für die Stadt bestätigen. Umfangreiche Kenntnisse über Verhütung und Abtreibung erlaubten es den Frauen, eine relativ freizügige Sexualität mit Männern zu leben. Vor allem besaßen sie dadurch ein Stück Selbstbestimmung über den eigenen Körper.

Frauen konnten zwar im Mittelalter eine Verbesserung ihrer Rechtsstellung erreichen, gleiche Rechte besaßen sie aber nie. Dennoch war die mittelalterliche Frau, die uns begegnete, kräftig, selbstbewußt und vital und wußte sich offensichtlich gegenüber dem Mann zu behaupten. Das Selbstbewußtsein hatte sicherlich sehr viel damit zu tun, daß Frauen zwischen dem 13. und 15. Jahrhundert zu fast allen Handwerken als Lehrlinge, Gesellinnen und selbständige Meisterinnen zugelassen waren. Wir fanden sie im Handel, sogar als Fernhändlerinnen, in gehobenen städtischen Diensten und sogar in eigenen, sehr reichen Frauenzünften. Auch die Zahl berühmter Schriftstellerinnen und Künstlerinnen war im Mittelalter erheblich. Das Beispiel der Beginen zeigte, daß im Mittelalter die Ehe noch nicht das höchste Lebensziel und -ideal war. Gerade Frauen hatten offensichtlich, wie die Beginenbewegung zeigt, ein starkes Interesse an eigenen Arbeits-, Denk- und Lebensgemeinschaften. Gerade diese mittelalterlichen Frauengruppen erinnern sehr an die heutige Frauenbewegung und den Versuch, eigene wirtschaftliche und kulturelle Zusammenhänge von Frauen zu schaffen.

Die Existenz von Prostitution verwies eindeutig darauf, daß das Mittelalter eine patriarchale Epoche war. Doch die über lange Zeit anhaltende Integration dieser Frauen in den städtischen Alltag, ihre Behandlung als eigener Berufsstand und Elemente wie Krankheits- und Alterssicherung zeigen, daß es in den verschiedenen Jahrhunderten große Unterschiede in der Behandlung der Prostituierten gab. Denn Ächtung, Verfolgung und Ermordung folgten *nach* dem Mittelalter. Selbst im Vergleich zu heute empfinde ich die Situation der Prostituierten im Mittelalter noch als positiver.

Die Arbeit der Frauen in fast allen wirtschaftlichen Bereichen und qualifizierten Berufen brachten einer Reihe von ihnen einen gewissen Wohlstand und Reichtum. Doch politische Rechte besaßen Frauen aller Stände im Mittelalter nicht (den Adel nehme ich hier aus). Und das wurde ihnen zum

156 Öffentliche Auspeitschung ‹unehelicher› Mütter. Radierung von D. Chodowiecki. 1782
157 Darstellung eines Kindesmordes, die Entdeckung der Tat, die Verurteilung der Frau und ihre öffentliche Enthauptung. Kupferstich. 18. Jh.

158 Die Armut im Zusammenhang mit dem ‹Kindersegen›. Holzschnitt von H. B. Burgkmair (der Ältere) in Petrarca's Trostspiegel. 1539

159 Spottbild auf die Fruchtbarkeit und Geschwätzigkeit der Frauen. Holzschnitt von H. B. Burgkmair (der Ältere) in Petrarca's Trostspiegel. 1539

Die Näherin:
Im Wirken/Nähen/Klippeln/Sticken
Wird sichs mit euch aufs Beste schicken
Wann ihr nur folget meinem Rath /
Und das verrichtete in der That
Was ich euch zeig / so wird es heissen:
Hoch diese Jungfern sind zu preisen.

Die Mutter:
Ihr Kinder wollet Fleiß anwenden /
Mit eueren subtilen Händen /
Die Kunst im Nähen zu begreyffen /
Die Augen lasst nicht umher schweiffen;
So werdet ihr mir wohl behagen,
Und bey den Leuten Ruhm erjagen.

160 Unterricht von Mädchen in weiblichen Handarbeiten. Holzschnitt aus E. Porzelius: «Curioser Spiegel». 1689

161 «Tischzucht». C. Meyer. 1645

Verhängnis. Als die ersten Krisenerscheinungen das Spätmittelalter erschütterten, begann zuerst vereinzelt oder anfänglich nur gegenüber bestimmten Frauen, wie beispielsweise den Beginen, der Kampf gegen ihre eigenständige wirtschaftliche Arbeit. Auch die Lehrerinnen und Frauen in städtischen Diensten wurden immer weiter aus dem Erwerbsleben ausgeschlossen. Verordnungen und Gesetze wurden aber von Männern und nicht von Frauen gemacht. Denn selbst Frauen, die in den Zünften Amtsmeisterinnen waren, hatten ja nur die technische Kontrolle in der Hand. Politisch hatten sie keine Funktionen und natürlich auch keine Lobby, die sich für ihre Rechte einsetzte. Zuerst waren es vielleicht noch die Ehemänner und Väter selbständiger Meisterinnen, die sich in ihrer Ratsherrenfunktion für die Frauen einsetzten, doch lange dürfte das nicht gedauert haben; außerdem werden auch nicht sehr viele dieser Herren ein solches Engagement entwickelt haben. Eine Zeitlang hat es den Beginen und reichen Zunftmeisterinnen sicherlich auch noch geholfen, daß sie den Städten oftmals Geld geliehen hatten und diese in ihrer Schuld standen. Doch letztendlich haben offensichtlich alle diese Versuche, indirekt Einfluß auf die Politik der Städte und der Zunftvorstände zu nehmen, nichts genützt. Denn Frauen waren mit dem Ende des 17. Jahrhunderts endgültig aus dem Handwerk und anderen qualifizierten Berufen verschwunden. Dieser Entwicklungsprozeß sollte allen Frauen heute zu denken geben.

Denn wir sehen daran, daß einmal erreichte Verbesserungen der wirtschaftlichen, rechtlichen und politischen Situation der Frauen nicht unangefochten bleiben. Es gibt keine Garantie, daß sie uns nicht, wenn die wirtschaftlichen und politischen Verhältnisse sich verschlechtern, wieder genommen werden. Wir haben zwar mittlerweile formale politische Rechte, doch in den politischen Institutionen sind Frauen eine verschwindende Minderheit, und es gibt auch keine andere Lobby, die sich dort für Frauen einsetzt. Die neue Frauenbewegung hat zwar viel erreicht, aber auch sie bildet nicht den außerinstitutionellen Machtfaktor, der die Herren in Wirtschaft und Politik zwingen kann, uns das bislang Erreichte zu lassen. Frau traut sich kaum noch hinzuzufügen, daß es auch für uns heute immer noch darum geht, nicht nur erreichte Positionen zu sichern, sondern auch neue zu erringen. Denn unsere heutige Situation als Frauen in qualifizierten Berufen, im Handwerk, in der Auswahl der Lehrstellen und in anderen Bereichen hat mit Gleichstellung noch sehr wenig zu tun und ist beschämend im Vergleich zum Mittelalter. Es sieht sogar so aus, als würden sich bestimmte Entwicklungen aus dem Spätmittelalter und vor allem der beginnenden Neuzeit wiederholen: Frauen werden aus qualifizierten Berufen herausgedrängt, es gibt kaum noch Lehrstellen für Mädchen, dafür aber die Forderung, wieder mehr «Mütterlichkeit» in unsere Gesellschaft einzubringen. Kinder bekommen sollen Frauen, damit die Renten der nächsten Generation gesichert sind. Glücklicherweise folgen weniger Frauen dem «Ruf», als einige Feministinnen befürchten.

Heute stehen wir also im Kampf um die errungenen Positionen. Die mittelalterlichen Frauen haben sicherlich ebenfalls gekämpft, auch wenn wir noch wenig darüber wissen. Sie hatten aber den Nachteil, daß sie nicht, wie wir heute, auf eine lange Geschichte solcher Versuche zurückblicken konnten, Frauen in Krisensituationen als erstes in allen gesellschaftlichen Bereichen, das Errungene wieder wegzunehmen. Wir können diese Geschichte heute sehen und (hoffentlich) aus ihr lernen. Wenn auch nicht anzunehmen ist, daß sich eine solche Massenvernichtung von Frauen, wie sie die Hexenverfolgungen der Neuzeit waren, wiederholt, sind die Gründe und Folgen dieser Massenmorde doch von größtem Interesse für uns heute. Deswegen möchte ich abschließend noch einige Bemerkungen dazu machen und zeigen, welches Frauenbild hinter und am Ende der Hexenverfolgung stand; ein Bild, das bis heute Leitbild geblieben ist.

Der christliche Glaube verfestigte sich erst im Verlauf mehrere Jahrhunderte im Volk. Alte Glaubensbestandteile des Germanentums, in denen auch noch von weiblichen Gottheiten die Rede war, lebten noch lange weiter. Frauen als weise, heilkundige Frauen und Hebammen kam eine besondere Rolle zu. Sie repräsentierten diesen alten Glauben an die magischen Kräfte der Natur, an die guten und bösen Geister. Ihnen wurden Heilkräfte und die Fähigkeit zugesprochen, in das Geschick der Menschheit positiv und negativ eingreifen zu können. Diese Frauen waren geachtet und gefürchtet; tendenziell galt das für alle Frauen, so wie später auch jede als potentielle Hexe galt. Im Bereich der Heilkunde spielten die Arzneien, die besonders die

162 «Die kleine Haushaltung». F. Boucher (1703–1770)

163 «Familienbildnis». F. W. Schäfer (1763–1807)

164 Ein typisches Bild für die Verklärung der Frau als Mutter ab dem 17./18. Jh. Joseph Abel. (1764–1818)

Hebammen zur Verhütung und Abtreibung kannten, eine wichtige Rolle. Sie gaben Frauen die schon öfter erwähnte Chance, eine freie Heterosexualität zu leben. Das Bild der sinnlichen Frau spielte ja im mittelalterlichen Denken eine große Rolle. Im Hexenbild wird diese Sinnlichkeit dann zum Kennzeichen des Schlechten und Bösen (sowohl in bezug auf Homosexualität wie Heterosexualität). Zusammenfassend läßt sich also sagen, daß das kulturelle Bild von der Frau und ihr Ansehen ebenso zwiespältig wie vielfältig war. Es gab auf keinen Fall ein eindeutig negatives Bild der Frau. Negativbilder der Geschlechter bedingen sich im Mittelalter, wenn es sie gab, noch gegenseitig, was an einzelnen Liedern im Buch ja auch deutlich zu sehen ist. Es war mehr ein kollektives gegenseitiges Verächtlichmachen, eine Verhöhnung bestimmter Eigenschaften der Frauen und Männer, die sich in kulturellen Überlieferungen widerspiegelt.

Das Frauenbild der katholischen Kirche, mit dem Vorbild der Jungfrau Maria als asexuell, mütterlich aufopfernd und demütig, hatte lange Zeit kaum eine Bedeutung im Alltagsdenken und Leben. Erst mit Luther wurde die Frau auf ein bestimmtes Ideal festgelegt. Seine Ansichten über Frauen entstanden im 16. Jahrhundert, in der Vorläuferzeit zu einer neuen Produktionsära, der industriellen, kapitalistischen Gesellschaft. Zu Luthers Zeit wurde das Land von einer tiefen Wirtschaftskrise erschüttert. Hunger, Pest, Mißernten und Armut griffen im Volk immer weiter um sich. Der Kampf ums Überleben – und damit um Arbeit – wurde erbittert ausgefochten. Frauen und Männer standen sich – wie wir jetzt wissen – als unerbittliche Konkurrenz gegenüber. Fehlende politische Rechte und fehlende politische Macht brachten die Frauen schwer ins Hintertreffen. Sie landeten am Ende dieser Auseinandersetzungen in den unqualifizierten, schlechtest entlohnten Bereichen und mußten sich in das riesige Heer der Armen einreihen. Im 16. Jahrhundert erschütterten Unruhen der unteren städtischen Schichten und der armen Bäuerinnen und Bauern das ganze Land. Frauen nahmen daran regen Anteil. Die Aufstände wurden blutig niedergeschlagen. Zu dieser Zeit griffen dann auch die Ideen Luthers über die «natürliche Bestimmung» der Frau immer weiter um sich. Er sah den einzigen Zweck der Frau im Kindergebären und im Hausfrauendasein. Dies drückte er auf unterschiedliche Weise aus. So zum Beispiel:

«Denn eyn weibs bild ist nicht geschaffen jungfrau tzu syn, sondern kinder zu tragen. ... Ob sie sich aber auch müde und zuletzt (daran) todt tragen, das schadt nicht, laß nur todt tragen, sie sind darum da»[58].

Die Bilder auf der Seite 148 (Nr. 158, 159), auf denen Armut und Kindersegen sehr eindrucksvoll dargestellt sind und nicht viel Phantasie dazugehört, sich vorzustellen, wie sich Frauen «todt tragen» an einer solchen Kinderschar, dürften dann wohl ganz nach dem Geschmack von Luther gewesen sein.

Er drückte seine Vorstellungen über den einzigen Nutzen der Frauen auch noch etwas «galanter» aus:

«Ein fromm gottesfürchtig Weib ist ein seltsam Gut, viel edler und köstlicher denn eine Perle. ... Frühe stehet sie auf, speiset ihr Gesinde und gibt den Mägden, was ihnen gebühret. Wartet und versorget mit Freuden, was ihr zusteht. Was sie nicht angeht, läßt sie unterwegen. Sie gürtet ihre Lenden fest und streckt ihre Arme, ist rüstig im Hause. ... Ihre Leuchte verlischt nicht des Nachts. Sie streckt ihre Hand nach dem Rocken und ihre Finger fassen die Spindel; sie arbeitet gerne und fleissig. ... Sie tut ihren Mund auf mit Weisheit, auf ihrer Zunge ist holdselige Lehre; sie zieht ihre Kinder fein zu Gottes Wort. Ihr Mann lobet sie, ihre Söhne kommen auf und preisen sie selig»[59].

Seine Ansichten über die Erziehung von Mädchen dürften mit dem Bild «Unterricht von Mädchen in weiblichen Handarbeiten» (S. 149, Nr. 160) wohl trefflich wiedergegeben sein. Die patriarchalische Familie mit dem Hausherrn und der Hausfrau an seiner Seite (S. 149, Nr. 161) wurde zum Ideal, auch wenn diese ausschließliche Funktion der Frau zuerst nur für die Frauen des Bürgertums Realität wurde (S. 151, Nr. 162; S. 152, Nr. 163; S. 153, Nr. 164). Der Prozeß, die Frauen ins Haus einzuschließen, nahm zu diesem Zeitpunkt seinen Anfang.

Gegenüber dem Bild der Hausfrau und Mutter wurden nun die Alleinstehenden, in religiösen Gemeinschaften Lebenden, die Erwerbstätigen, die Umherziehenden und die Prostituierten zum Negativbild (selbst wenn für die katholische Kirche das klösterliche Leben weiter positiv blieb). Doch im 16. Jahrhundert kommt es zur großen Krise des Katholizismus; der große Gegenspieler, der Protestantismus, formt vor allem auch die neuen Denkstrukturen. In dieses neue Denken im Sinne des Fortschritts waren Frauen allerdings nicht einbezogen. Denn neben der negativen Sichtweise gegenüber den gerade aufgezählten Frauengruppen blüht wieder die alte Kirchenlehre von der Minderwertigkeit des Weibes auf. Das Erbsündendogma, also die Vertreibung der Menschen aus dem Paradies durch die Schuld der ersten Frau, wurde wieder fest in den Köpfen der Gläubigen zementiert. Mit dieser Geschichte wurde die größere Anfälligkeit der Frau für die Hexerei begründet. Alle Frauen standen in der Gefahr, sofern sie von dem idealen Frauenbild abwichen, als Hexe verbrannt zu werden. Doch es ging nicht nur um die Durchsetzung des Bildes der «züchtigen» und «wackeren» Hausfrau, was den Katholiken mittlerweile nicht weniger als den Protestanten am Herzen lag. Es ging auch darum, durch die Verfolgung und Ermordung der heilkundigen Frauen, besonders der Hebammen, Verhütung und Abtreibung, die als Teufelswerk galten, endgültig zu verhindern. Das bedeutete nichts anderes, als den Frauen die Möglichkeit der Selbstbestimmung über den eigenen Körper zu entreißen. Obrigkeit, Kirche und männliche Ärzteschaft zogen hier an einem Strang, und ihr Sieg war ziemlich vollständig. In den Jahrzehnten und Jahrhunderten nach den großen Hexenpogromen ist ein rapider Bevölkerungsanstieg zu verzeichnen. Auch auf den Bildern, die ich eben im Zusammenhang mit Luther erwähnte, ist das deutlich zu erkennen[60]. Zehn und fünfzehn Geburten im Leben einer Frau waren seit der Zeit keine Seltenheit mehr. Wie entscheidend diese «Aneignung des weiblichen Körpers» war, zeigt sich an den Vorstellungen, die damals über die Behebung der Wirtschaftskrise existierten. Die bevölkerungspolitische Frage wurde von Politikern, wie beispielsweise Jean Bodin, sehr deutlich mit den Hexenverfolgungen in Zusammenhang gebracht. Er forderte eine neue Wirtschaftsform zur Behebung der Krise. Voraussetzung dafür müßte aber eine genügende Zahl von Arbeitskräften sein, meinte er. Solange aber Verhütung, Abtreibung und Kindesmord nicht auf das strengste bestraft würden, wären der notwendige Bevölkerungsanstieg und die damit verbundene Zahl an Arbeitskräften nicht zu gewährleisten. Jean Bodin selbst war aktiv an den Hexenverfolgungen beteiligt, da er besonders in dem Unfruchtbarkeitszauber und der hexerischen Kindestötung die schlimmsten Todsünden sah. Der reale Geburtenanstieg der damaligen Zeit und die Durchsetzung drastischer Gesetzesmaßnahmen gegen uneheliche Mütter oder Frauen, die ihre Kinder getötet hatten (S. 147, Nr. 156, 157), zeigt den «Erfolg» dieser Männerpolitik des 16. und 17. Jahrhunderts.

Die Hexenverfolgungen dienten aber noch einem weiteren Zweck, nämlich der Disziplinierung des Volkes. Im Zuge der Gegenreformation verschärften sich erneut die gesellschaftlichen Auseinandersetzungen und Gegensätze. Die wirtschaftliche Not, Hunger und Mißernten, die Niederschlagung der Volksaufstände wurden ebenso wie die politischen Repressionen durch die Obrigkeit seitens der Kirche als gerechte Strafe Gottes interpretiert. Und zwar Strafe für die Sünden der Menschen, insbesondere für das Aufbegehren gegen die Obrigkeit. Diese Strafen tauchten nach Meinung der Kirche in Gestalt der Missetaten des Teufels auf, der diese durch seine irdischen Vertreterinnen, die Hexen ausführen ließ. In den Hexen fand man konkrete, greifbare Personen, die schuld am Unglück der Menschheit waren. Sie galten als die eigentlichen Verursacherinnen allen Übels. Auf diese Weise konnte die Wut des Volkes über Armut, Mißernten und Krankheit ebenso wie die Enttäuschung über die Niederschlagung der Aufstände abreagiert werden. Die immer stärker wirkende Frauenfeindlichkeit tat ihr übriges. Die alte Mischung zwischen Achtung und Furcht vor besonderen Eigenschaften und Fähigkeiten der Frauen schlug vollständig um in einen Haß und in ein Feindinnenbild. So brauchten die Herrschenden einen größeren Widerstand bei der brutalen Ermordung und endgültigen Unterjochung der Frauen nicht zu fürchten. Außerdem hatten die Hexenverfolgungen auch eine abschreckende Wirkung. Jede Frau und (später auch im Chaos des Dreißigjährigen Krieges) jeder Mann konnte durch Denunziation beschuldigt und abgeurteilt werden. Angst und Einschüchterung waren die Folge und ein gut gesetzter Effekt. An den als Hexen verdächtigten Frauen wurde ein «wirkungsvolles» Exempel statuiert und gleichzeitig dienten die als Hexen denunzierten Frauen als «Blitzableiter» politischer Unzufriedenheit. Wer garantiert uns Frauen, daß sich das nicht noch einmal wiederholt?

Nieman(n)d, nur wir Frauen selbst können uns diese Garantie geben und auch nur, wenn wir aus den Stärken und den Niederlagen unserer Schwestern in den vergangenen Jahrhunderten lernen.

ANMERKUNGEN

1 Vgl. auch H. Göttner-Abendroth: Die Göttin und ihr Heros. Die matriarchalen Religionen in Mythos, Märchen und Dichtung. München 1980, und dieselbe: Die tanzende Göttin. Prinzipien einer matriarchalen Ästhetik. München 1982.
2 R. Fester: Das Protokoll der Sprache. In: R. Fester/M. E. P. König/D. F. Jonas/A. D. Jonas (Hrsg.): Weib und Macht. Fünf Millionen Jahre Urgeschichte der Frau. Frankfurt 1979.
3 T. Hauschild/H. Staschen/R. Troschke: Hexen. Katalog zur Ausstellung. Hamburg 1979.
4 A. Wolf-Graaf: Frauenarbeit im Abseits. Frauenbewegung und weibliches Arbeitsvermögen. München 1981.
5 E. Lau/B. Brasse: Frauenliederbuch. München 1980, S. 16.
6 Vergleiche die Angaben bei M. Wensky: Die Stellung der Frau in der Stadtkölnischen Wirtschaft im Spätmittelalter. (= Quellen und Darstellungen zur Hansischen Geschichte. Neue Folge. Band 26, hrsg. vom Hansischen Geschichtsverein). Köln 1980, S. 255 ff.
7 H. Wachendorf: Die wirtschaftliche Stellung der Frau in den deutschen Städten des späten Mittelalters. Dissertation. Hamburg 1934. Diese Arbeit, die leider nur in Universitätsbibliotheken zu erhalten ist, gibt mit den besten Überblick.
8 J. Brucker (Hrsg.): Straßburger Zunft- und Polizeiverordnungen des 14. und 15. Jahrhunderts. Straßburg 1889, S. 306.
9 Quellenangaben zu allen diesen Berufsbereichen finden sich ebenso wie für die handwerklichen Berufe in der genannten Dissertation von H. Wachendorf.
10 Die Geschichte dieses Prozesses ist in einem Roman verarbeitet worden. W. Lohmeyer: Die Hexe. Reinbek bei Hamburg 1980.
11 Zur Familienstruktur und Familiengröße folgende Literaturhinweise (leider sehr teure Bücher oder nur über Bibliotheken zu haben).
K. Hausen: Historische Familienforschung. In: Historische Sozialwissenschaft. Göttingen 1977.
P. Laslett/R. Wall (eds.): Household and Family in Past Time. Cambridge 1972.
W. Conze (Hrsg.): Sozialgeschichte der Familie in der Neuzeit Europas. Stuttgart 1976.
P. J. Schuler: Die Bevölkerungsstruktur der Stadt Freiburg im Breisgau im Spätmittelalter. In: W. Ehbrecht (Hrsg.): Voraussetzungen und Methoden geschichtlicher Städteforschung. Köln 1979, S. 139–176.
12 F. W. Stahl: Das deutsche Handwerk. Band I. Gießen 1874, S. 44f.
13 K. Bücher: Die Frauenfrage im Mittelalter. Tübingen 1910.
14 F. W. Stahl: Das deutsche Handwerk ..., a.a.O., S. 76.
15 D. Schuster: Die Stellung der Frau in der Zunftverfassung. Berlin 1927, S. 5.
16 Zitiert nach H. Wachendorf: Die wirtschaftliche Stellung der Frau ..., a.a.O., S. 71.
17 Frankfurter Archiv, Schneider-Ordnung Art. 19, zitiert nach F. W. Stahl: Das deutsche Handwerk ..., a.a.O., S. 80f.
18 H. Koch: Geschichte des Seidengewerbes in Köln vom 13. bis zum 18. Jahrhundert. Leipzig 1907.
19 P. Norrenberg: Frauen=Arbeit und Arbeiterinnen=Erziehung in deutscher Vorzeit. Köln 1880.
20 In Anlehnung an J. Heidemann: Die Beguinenhäuser Wesels. In: Zeitschrift des Bergischen Geschichtsvereins. Band 4. Bonn 1867, und J. Greven: Die Anfänge der Beginen. Ein Beitrag zur Geschichte der Volksfrömmigkeit und des Ordenswesens im Hochmittelalter. Münster 1912.
21 Vergleiche J. Asen: Die Beginen in Köln. In: Analen des historischen Vereins für den Niederrhein. Heft 111, 1927, S. 105.
22 O. Nübel: Mittelalterliche Beginen- und Sozialsiedlungen in den Niederlanden. Ein Beitrag zur Geschichte der Fuggerei. Tübingen 1970, S. 192ff.
23 M. Luther: Werke. Erlanger Ausgabe. Band XXVIII 198.
24 Chroniken der deutschen Städte. Band X Nürnberg IV, S. 382f.
25 Es gibt auch ein Buch, das Theaterstücke, Erzählungen und Gedichte über die Päpstin enthält. Auch die in meinem Buch wiedergegebene Boccaccio-Erzählung ist dort abgedruckt. Vgl. K. Völker (Hrsg.): Päpstin Johanna. Ein Lesebuch vom Mittelalter bis heute. Berlin 1977.
26 F. W. Stahl: Das deutsche Handwerk ..., a.a.O.
27 F. W. Stahl: ebenda, S. 92.
28 Zitiert nach F. W. Stahl: ebenda, S. 42.
29 Zitiert nach F. W. Stahl: ebenda, S. 43.
30 E. Lau/B. Brasse: Frauenliederbuch ..., a.a.O., S. 32f.
31 Text: Dohmen/Wolf-Graaf; Musik: Kirdorf.
32 M. Bauer: Deutscher Frauenspiegel. Bilder aus dem Frauenleben in der

deutschen Vergangenheit. Band 2. München und Berlin 1917, S. 77.
33 F. Irsigler: Bettler, Dirnen und Henker im spätmittelalterlichen und frühneuzeitlichen Köln. Zur Analyse sozialer Randgruppen. In: C. D. Dietmar/ A. Eversberg/H. Heinrichs u.a. (Hrsg.): Geschichte in Köln. Studentische Zeitschrift am historischen Seminar. Heft 7. Köln 1980, S. 41.
34 G. Becker/S. Bovenschen/H. Brakkert u.a.: Aus der Zeit der Verzweiflung. Zur Genese und Aktualität des Hexenbildes. Frankfurt am Main 1977, S. 76f.
35 G. L. Kriegk: Deutsches Bürgerthum im Mittelalter. Nach urkundlichen Forschungen. Neue Folge. Frankfurt a.M. 1871, S. 261f.
36 G. L. Kriegk: ebenda, S. 264.
37 G. L. Kriegk: ebenda, S. 294.
38 F. Irsigler: Bettler, Dirnen ..., a.a.O., S. 42.
39 M. Bauer: Deutscher Frauenspiegel ..., a.a.O., S. 71f.
40 Text: Dohmen/Wolf-Graaf; Musik: Dohmen.
41 G. Heinsohn/R. Knieper/O. Steiger: Menschenproduktion. Allgemeine Bevölkerungstheorie der Neuzeit. Frankfurt am Main 1979.
42 E. Haberling: Beiträge zur Geschichte des Hebammenstandes. I. Der Hebammenstand in Deutschland von seinen Anfängen bis zum Dreißigjährigen Krieg. Berlin und Osterwieck am Harz 1940, S. 4. Diese Arbeit und die folgende geben den besten Überblick über das Hebammenwesen.
W. Gubalke: Die Hebamme im Wandel der Zeiten. Ein Beitrag zur Geschichte des Hebammenwesens. Hannover 1964.
43 E. Peters: Petersilie, Suppenkraut. Pflanzen als empfängnisverhütende und abtreibende Mittel. Überlieferungen aus der Volksmedizin. Frauenoffensive (Hrsg.): Journal Nr. 4. München 1976, S. 53. Vergleiche auch hierzu die Interpretation der Autorin.
44 Beide Zitate aus T. Zuingerl: Neu= Vollkommenes Kräuter=Buch. Gedruckt und verlegt durch Jacob Bretsche in Franckfurt zu finden bey J. P. Richtern. 1694.
45 R. Willfort: Gesundheit durch Heilkräuter, Erkennung, Wirkung und Anwendung der wichtigsten einheimischen Heilpflanzen. Linz 1976, S. 645f.
46 Zitiert nach E. Haberling: Beiträge zur Geschichte ..., a.a.O., S. 17.
47 Zitiert nach E. Haberling: ebenda, S. 17.
48 Soldan-Heppe: Geschichte der Hexenprozesse. Nachdruck der 3. (letzten) Auflage in der Neubearbeitung von Max Bauer. Band I. München 1912, S. 228.
49 E. Lau/B. Brasse: Frauenliederbuch ..., a.a.O., S. 23f.
50 Zitiert nach E. Haberling: Beiträge zur Geschichte ..., a.a.O., S. 35f.
51 J. Sprenger/H. Institoris: Der Hexenhammer. (Malleus maleficarum) Nachdruck. München 1982, S. 159.
52 T. Hauschild/H. Staschen/R. Troschke: Hexen ..., a.a.O., S. 18.
53 Text: Dohmen/Wolf-Graaf; Musik: Dohmen.
54 Zusammengestellt aus G. Becker/S. Bovenschen/H. Brackert: Aus der Zeit der Verzweiflung ..., a.a.O., S. 343ff.
55 G. Becker/S. Bovenschen/H. Brakkert: ebenda, S. 352.
56 M. Luther: Tischreden, gedruckt zu Eisleben 1566 von Urban Gaubisch, S. 288ff.
57 Einzelne Protokolle und Dokumente sind abgedruckt in: G. Becker/S. Bovenschen/H. Brackert: Aus der Zeit der Verzweiflung ..., a.a.O., S. 380ff.
58 Luther Werke. Weimarer Ausgabe 11, 398, 4f. Luther Werke. Erlanger Ausgabe XX 84.
59 Zitiert nach K. Bücher: Die Frauenfrage ..., a.a.O., S. 68f.
60 Zum Bevölkerungsanstieg: G. Heinsohn/R. Knieper/O. Steiger: Menschenproduktion ..., a.a.O., S. 51ff. In diesem Buch läßt sich auch über Jean Bodin einiges nachlesen.

LITERATUR

Bücher mit Abbildungen zum Thema

Amman, Jost: Das Ständebuch (1568). 133 Holzschnitte mit Versen von Hans Sachs, Hartmann Schopper. Hrsg. von Manfred Lemmer. Leipzig 1934, 1975

Biedermann, Hans: Hexen. Auf den Spuren eines Phänomens. Tradition, Mythen, Fakten. Graz 1974

Ders.: Medicina Magica. Metaphysische Heilmethoden in spätantiken und mittelalterlichen Handschriften. Graz 1972

Binding, Günter/Nussbaum, Norbert: Der mittelalterliche Baubetrieb nördlich der Alpen in zeitgenössischen Darstellungen. Darmstadt 1978

Boesch, Hans: Kinderleben in der deutschen Vergangenheit. In Monographien zur deutschen Kulturgeschichte. V. Bd. Leipzig 1900

Clausberg, Karl (Hrsg.): Die Manessische Liederhandschrift. Köln 1978

Evans, Joan: Die Blüte des Mittelalters. München 1966

Frankfurt um 1600. Alltagsleben in der Stadt. Kleine Schriften des Historischen Museums. Frankfurt/M. 1976

Freytag, Gustav: Bilder aus der deutschen Vergangenheit. Bd. I.–V. o.O., o.J. (ca. 1866)

Frick, Inge/Kommer, Helmut/Kunstmann, Antje/Lang, Siegfried: Frauen befreien sich. Bilder zur Geschichte der Frauenarbeit und Frauenbewegung. München 1976

Grape-Albers, Heide: Spätantike Bilder aus der Welt des Arztes. Medizinische Bilderhandschriften der Spätantike und ihre mittelalterliche Überlieferung. Wiesbaden 1977

Gubalke, Wolfgang: Die Hebamme im Wandel der Zeiten. Hannover 1964

Haberling, Elseluise: Beiträge zur Geschichte des Hebammenstandes. Bd. I: Der Hebammenstand in Deutschland von seinen Anfängen bis zum Dreißigjährigen Krieg. Berlin und Osterwieck am Harz 1940

Haining, Peter: Hexen. Wahn und Wirklichkeit in Mittelalter und Gegenwart. Oldenburg und Hamburg 1977

Hattinger, Franz: Stundenbuch des Herzogs von Berry. Stuttgart o.J.

Das Hausbuch der Cerruti. Nach der Handschrift in der österreichischen Nationalbibliothek. Übertragung aus dem Lateinischen und Nachwort von Franz Unterkircher. Dortmund 1979

Hauschild, Thomas/Staschen, Heidi/Troschke, Regina: Hexen. Katalog zur Ausstellung. Hamburg 1979

Heinemann, Franz: Der Richter und die Rechtsgelehrten. Justiz in früheren Zeiten. Köln 1979 (3. Aufl.)

Húsa, Vaclav/Petráu, Josef/Subtrová, Alena: Traditional Crafts and Skills. Life and Work in Medieval and Renaissance Times. Prag 1967

Kulturgeschichtliches Bilderbuch aus drei Jahrhunderten. Bd. I–VI. Hrsg. von Georg Hirth. Leipzig, München 1882–1890

Langer, Herbert: Kulturgeschichte des Dreißigjährigen Krieges. Leipzig 1978

Laube, Adolf/Steinmetz, Max/Vogler, Günter: Illustrierte Geschichte der deutschen frühbürgerlichen Revolution. Berlin (DDR) 1974

Lehner, Ernst: Symbols, Signs & Signets. New York 1969 (1. Aufl. 1950)

Mummenhoff, Ernst: Der Handwerker in der deutschen Vergangenheit. Köln o.J. (2. Aufl. 1924)

Power, Eileen: Medieval Women. Cambridge 1976

Praetorius, Johannes: Hexen-, Zauber- und Spukgeschichten aus dem Blocksberg. Mit Holzschnitten des 15. und 17. Jahrhunderts. Hrsg. von Wolfgang Möhrig. Frankfurt/M. 1979

Rosenfeld, Hans Friedrich/Rosenfeld, Hellmut: Deutsche Kultur im Spätmittelalter 1250–1500. Wiesbaden 1978. In: Handbuch der Kulturgeschichte. Begründet von Heinz Kindermann. Neu herausgegeben von Eugen Thurnher. Erste Abteilung. Zeitalter deutscher Kultur

Schönfeld, Walter: Frauen in der Abendländischen Heilkunde vom klassischen Altertum bis zum Ausgang des 19. Jahrhunderts. Stuttgart 1947

Soldan-Heppe: Geschichte der Hexenprozesse. Neu bearbeitet und hrsg. von Max Bauer. 2 Bde. Hanau/M. 1911

Sournai/Poulet/Martiny: Illustrierte Geschichte der Medizin. 4 Bände

Tacuinum Sanitatis. Das Buch der Gesundheit. Hrsg. von Luisa Cogliali Arano. München 1976

Trades and Professions. Hart Picture Archives. New York 1977

Vermeer, J.: Zilver & Wandtapijten. Brügge 1980

Völker, Klaus (Hrsg.): Päpstin Johanna. Ein Lesebuch mit Texten vom Mittelalter bis heute. Berlin 1977

Waas, Adolf: Die Bauern im Kampf um Gerechtigkeit 1300–1525. München 1964

Weber-Kellermann: Die Familie. Geschichte, Geschichten und Bilder. Frankfurt/M. 1976

Weigel, Christoff: Abbildung der Ge-

mein-Nützlichen Haupt-Stände. (1698) Dortmund 1977
Die Welt des Hans Sachs. 400 Holzschnitte des 16. Jahrhunderts. Hrsg. von den Stadtgeschichtlichen Museen. Nürnberg 1976
Zeeden, Ernst Walter: Deutsche Kultur in der frühen Neuzeit. Frankfurt/M. 1968. In: Handbuch der Kulturgeschichte. Begründet von Heinz Kindermann. Neu herausgegeben von Eugen Thurnher. Erste Abteilung. Zeitalter deutscher Kultur

Zur Familienstruktur und Bevölkerungszahlen

Conze, Werner: Sozialgeschichte der Familie in der Neuzeit Europas. Stuttgart 1976
Hausen, Karin: Historische Familienforschung. In: Historische Sozialwissenschaft. Göttingen 1977
Heinsohn, Gunnar/Knieper, Rolf/Steiger, Otto: Menschenproduktion. Allgemeine Bevölkerungslehre der Neuzeit.
Laslett, Peter/Wall, R. (eds.): Household and Family in Past Time. Cambridge 1972

KAPITEL I
Frauenarbeit auf dem Land

Barchewitz, Jutta: Von der Wirtschaftstätigkeit der Frau in der vorgeschichtlichen Zeit bis zur Entfaltung der Stadtwirtschaft. Breslauer Historische Forschungen, Heft 3. Breslau 1937
Hess, Luise: Die deutschen Frauenberufe des Mittelalters. Diss. Königsberg, München 1940 (auch für Frauenarbeit in der Stadt)
Maurer, Georg Ludwig v.: Geschichte der Fronhöfe, der Bauernhöfe und der Hofverfassung in Deutschland. 4 Bde. Erlangen 1862/63
Steffen, Hans: Beiträge zur Geschichte des ländlichen Gesindes in Preussen am Ausgange des Mittelalters. Diss. Königsberg i. Pr. 1903

KAPITEL II
Frauenarbeit in Manufakturen, Bergwerken und Verlagswesen

Forberger, Rudolf: Die Manufaktur in Sachsen vom Ende des 16. bis zum Anfang des 19. Jahrhunderts. Berlin 1958
Hinrichs, Carl: Die Wollindustrie Preußens unter Friedrich Wilhelm I. Berlin 1933
Kriedtke, Peter/Medick, Hans/Schlubohm, Jürgen: Industrialisierung vor der Industrialisierung. Gewerbliche Warenproduktion auf dem Land in der Formationsperiode des Kapitalismus. Mit Beiträgen von Herbert Kisch und Franklin F. Mendels. Göttingen 1968
Kuczynski, Jürgen: Studien zur Geschichte der Lage der Arbeiterin in Deutschland von 1700 bis zur Gegenwart. Aus der Reihe: Ders. (Hrsg.): Geschichte der Lage der Arbeiter. Bd. 18. Berlin 1963
Landau, Johann: Die Arbeiterfrage in Deutschland im 17. und 18. Jahrhundert und ihre Behandlung in der Deutschen Kameralwirtschaft. Studien zur Frage der Entstehung und des Ursprungs arbeitspolitischer Probleme und Ideen der Neuzeit. Diss. Zürich 1915
Stieda, Wilhelm: Literatur, heutige Zustände und Entstehung der deutschen Hausindustrie. Nach den vorliegenden gedruckten Quellen. Schriften des Vereins für Socialpolitik, XXXIX. Die deutsche Hausindustrie. 1. Bd. Leipzig 1889

KAPITEL III/V/VII
Frauenarbeit in der Stadt, Künstlerinnen, Städtisches Alltagsleben, Prostituierte und zur Rechtsstellung der Frau

Bartsch, Robert: Die Rechtsstellung der Frau als Gattin und Mutter. Geschichtliche Entwicklung ihrer persönlichen Stellung im Privatrecht bis in das 18. Jahrhundert. Leipzig 1903
Behaghel, Wilhelm: Gewerbliche Stellung der Frau im mittelalterlichen Köln. Berlin 1910
Brodmeier, Renate: Die Frau im Handwerk in historischer und moderner Sicht. In: Handwerkswissenschaftliches Institut Münster (Hrsg.): Forschungsberichte aus dem Handwerk, Bd. 9. Münster 1963
Bücher, Karl: Die Frauenfrage im Mittelalter. Tübingen 1910 (auch zum Thema Frauen auf dem Land)
Dichterinnen des Altertums und des frühen Mittelalters. Zweisprachige Textausgabe. Eingeleitet, übersetzt und mit bibliographischem Anhang versehen von Helene Homeyer. Paderborn 1979
Eberle, Ernst: Probleme zur Rechtsstellung der Frau nach der Kursächsischen Konstitution von 1572. Heidelberg 1964
Elsas, Moritz John: Umriß einer Geschichte der Preise und Löhne in Deutschland. – Vom ausgehenden Mittelalter bis zum Beginn des neunzehnten Jahrhunderts –. 2 Bde. Leiden 1936–1949
Fehr, Hans: Die Rechtsstellung der Frau und der Kinder in den Weistümern. Jena 1912
Koebner, Richard: Die Eheauffassung des ausgehenden deutschen Mittelalters. In: AfKg, Bd. 9. Leipzig, Berlin 1911
Krichbaum, Jörg/Zondergeld, Rein A.: Künstlerinnen. Von der Antike bis zur Gegenwart. Köln 1979
Kriegk, G. L.: Deutsches Bürgerthum im Mittelalter. Nach urkundlichen Forschungen und mit besonderer Berücksichtigung auf Frankfurt a. M. Frankfurt am Main 1868
Kriegk, G. L.: Deutsches Bürgerthum im Mittelalter. Nach urkundlichen Forschungen. Neue Folge. Frankfurt am Main 1871
Lösch, Heinrich v.: Die Kölner Zunfturkunden nebst anderen Kölner Gewerbeurkunden bis zum Jahr 1500. Publikationen der Gesellschaft für rheinische Geschichtskunde. XXII, 2 Bde. Bonn 1907
Norrenberg, Peter: Frauen=Arbeit und Arbeiterinnen=Erziehung in der deutschen Vorzeit. Köln 1880 (auch zum Thema Frauen auf dem Land)
Potthoff, Ossip Demetrius: Die Kulturgeschichte des deutschen Handwerks unter besonderer Berücksichtigung seiner Blütezeit. Hamburg 1938
Schmelzeisen, Gustav Klemens: Die Rechtsstellung der Frau in der deutschen Stadtwirtschaft. Stuttgart 1935
Schuler, Peter-Johannes: Die Bevölkerungsstruktur der Stadt Freiburg im Breisgau im Spätmittelalter. Möglichkeiten und Grenzen einer quantitativen Quellenanalyse. In: Ehbrecht, Wilfried (Hrsg.): Voraussetzungen und Methoden geschichtlicher Städteforschung. Köln 1979
Schmoller, Gustav: Die Straßburger Tuchter- und Weberzunft und die deutsche Weberei vom 13.–17. Jahrhundert. Separatdruck der Darstellung aus: Die Straßburger Tucher und Weberzunft, Urkunden und Darstellung, nebst Regesten und Glossar. Ein Beitrag zur Geschichte der deutschen Weberei und des deutschen Gewerberechts vom 13.–17. Jahrhundert. Straßburg 1879

Schuster, Dora: Die Stellung der Frau in der Zunftverfassung. Berlin 1927
Stahl, Friedrich Wilhelm: Das deutsche Handwerk. Bd. 1. Gießen 1874
Wachendorf, Helmut: Die wirtschaftliche Stellung der Frau in den deutschen Städten des späten Mittelalters. Diss. Hamburg 1934
Weber, Marianne: Ehefrau und Mutter in der Rechtsentwicklung. Tübingen 1907
Wensky, Margret: Die Stellung der Frau in der Stadtkölnischen Wirtschaft im Spätmittelalter. (= Quellen und Darstellungen zur Hansischen Geschichte. Neue Folge, Bd. 26, hrsg. vom hansischen Geschichtsverein). Köln 1980
Wensky, Margret: Die Kölner Frauenzünfte im Spätmittelalter. In: Dietmar, Carl D./Eversberg, Anette/ Heinrichs, Herbert, u.a. (Hrsg.): Geschichte in Köln. Studentische Zeitschrift am historischen Seminar. Heft 7. Köln 1980

KAPITEL IV

Beginen

Asen, Johannes: Die Beginen in Köln. In: Analen des historischen Vereins für den Niederrhein. Heft 111 (1927), Heft 112 (1928), Heft 113 (1929)
Greven, Joseph: Die Anfänge der Beginen. Ein Beitrag zur Geschichte der Volksfrömmigkeit und des Ordenswesens im Hochmittelalter. Münster i.W. 1912
Neumann, Eva: Rheinisches Beginen- und Begardenwesen. Ein Mainzer Beitrag zur religiösen Bewegung am Rhein. Meisenheim am Glan 1960
Nübel, Otto: Mittelalterliche Beginen- und Sozialsiedlungen in den Niederlanden. Ein Beitrag zur Geschichte der Fuggerei. Tübingen 1970

KAPITEL VIII/V

Hebammen, heilkundige Frauen und Ärztinnen

Gubalke, Wolfgang: Die Hebamme im Wandel der Zeiten. Ein Beitrag zur Geschichte des Hebammenwesens. Hannover 1964
Haberling, Elseluise: Beiträge zur Geschichte des Hebammenstandes. I. Der Hebammenstand in Deutschland von seinen Anfängen bis zum Dreißigjährigen Krieg. Berlin und Osterwieck am Harz 1940
Oeferle, Ferdinand: Antikonzeptionelle Arzneistoffe und Heilkunde. Wien 1898
Petersen, Elisabeth: Petersilie, Suppenkraut. Pflanzen als empfängnisverhütende und abtreibende Mittel – Überlieferungen aus der Volksmedizin. In: Frauenoffensive (Hrsg.): Journal Nr. 4. München 1976
Schönfeld, Walter: Frauen in der abendländischen Heilkunde. Stuttgart 1947

KAPITEL IX

Arbeiten über Mythen, Matriarchatstheorien, Hexenglaube und Geschichte der Hexenverfolgungen

Baschwitz, Kurt: Hexen und Hexenprozesse. Die Geschichte eines Massenwahns. Nördlingen 1963
Becker, Gabriele/Bovensche, Silvia/ Brackert, Helmut u.a.: Aus der Zeit der Verzweiflung. Zur Genese und Aktualität des Hexenbildes. Frankfurt am Main 1977
Biedermann, Hans: Hexen. Auf den Spuren eines Phänomens. Traditionen, Mythen, Fakten. Graz 1974
Croissant, Werner: Die Berücksichtigung geburts- und berufsständischer und soziologischer Unterschiede im deutschen Hexenprozeß. Diss. Bonn 1953
Diefenbach, Johann: Der Hexenwahn vor und nach der Glaubensspaltung. Fotomechanischer Neudruck der Originalausgabe (1886). Leipzig 1979
Droß, Annemarie: Die erste Walpurgisnacht. Hexenverfolgung in Deutschland. Frankfurt am Main 1978
Ehrenreich, Barbara/English, Deidre: Hexen, Hebammen und Krankenschwestern. The Witches Are Back! München 1975
Ginzburg, Carlo: Die Benandanti. Feldkulte und Hexenwesen im 16. und 17. Jahrhundert. Frankfurt am Main 1980
Göttner-Abendroth, Heide: Die Göttin und ihr Heros. München 1980
Göttner-Abendroth, Heide: Die tanzende Göttin. Prinzipien einer matriarchalen Ästhetik. München 1982
Haining, Peter: Hexen. Wahn und Wirklichkeit in Mittelalter und Gegenwart. Oldenburg und Hamburg 1977
Grigulevic, Josif Roumualdovic: Ketzer, Hexen, Inquisitoren, 13.–20. Jahrhundert. 2 Bde. Berlin 1976
Hammes, Manfred: Hexenwahn und Hexenprozesse. Frankfurt am Main 1977
Hansen, Josef: Quellen und Untersuchungen zur Geschichte des Hexenwahns und der Hexenverfolgung im Mittelalter. Bonn 1901
Hansen, Josef: Zauberwahn, Inquisition und Hexenprozesse im Mittelalter und die Entstehung der großen Hexenprozesse. München 1900
Hasler, Evelin: Anna Göldin. Die letzte Hexe. Roman. Zürich, Köln 1982
Hauschild, Thomas/Staschen, Heidi/ Troschke, Regina: Hexen. Katalog zur Ausstellung. Hamburg 1979
Kunze, Michael: Straße ins Feuer. Vom Leben und Sterben in der Zeit des Hexenwahns. München 1982 (romanhafte Rekonstruktion)
Mayer, Anton: Erdmutter und Hexe. Untersuchungen zur Geschichte des Hexenglaubens und zur Vorgeschichte der Hexenprozesse. München/Freising 1936
Meinhold, Wilhelm: Maria Schweidler. Die Bernsteinhexe. Roman. Frankfurt am Main 1978
Michelet, Jules: Die Hexe. München 1974
Peukert, Will-Erich: Geheimkulte. Heidelberg 1951
Polten, Barbara: Die gesellschaftliche Situation der Frauen und die Ausbreitung der Hexenverfolgung in Deutschland zu Beginn der Neuzeit. Unveröffentlichte Hausarbeit zur Ersten Staatsprüfung für das Lehramt am Gymnasium. Köln 1978
Riezler, Siegmund v.: Geschichte der Hexenprozesse in Bayern. Stuttgart o.J.
Siebel, Friedrich-Wilhelm: Die Hexenverfolgung in Köln. Diss. Bonn 1959
Soldan-Heppe: Geschichte der Hexenprozesse. 2 Bde. Nachdruck der 3. (letzten) Auflage in der Neubearbeitung von Max Bauer. München 1912
Spee, Friedrich v.: Cautio Criminalis. Oder Rechtliche Bedenken wegen der Hexenprozesse. Aus dem Lateinischen übertragen und eingeleitet von Joachim-Friedrich Ritter. München 1982
Sprenger, Jakob/Institoris, Heinrich: Der Hexenhammer (Malleus maleficarum). Aus dem Lateinischen übertragen und eingeleitet von J. W. R. Schmidt. München 1982
Trever-Roper, Hugh Redwald: Der europäische Hexenwahn des 16. und 17. Jahrhunderts. In: Religion, Reformation und sozialer Umbruch. Frankfurt 1967
Woeller, Waltraud: Zur Geschichte des Hexenwahns und der Hexenprozesse in Deutschland. In: Wissenschaftliche Zeitschrift der Humboldt-Universität in Berlin, gesellschafts- und sprachwissenschaftl. Reihe, 12. Jg. Berlin (Ost) 1963
Ziegeler, Wolfgang: Möglichkeiten der Kritik an Hexen- und Zauberwesen im ausgehenden Mittelalter. Köln/Wien 1973